법치주의와 정의를 돌아보다

김영란의 열린 법 이야기

법치주의와 정의를 돌아보다

김영란의 열린 법 이야기

글 김영란

풀빛

《법치주의와 정의를 돌아보다 ──── 김영란의 열린 법 이야기》를 펴내며

법치주의가 무엇인지, 정의가 무엇인지 묻는 사람이 참 많습니다. 30년 가까이 판사로 일했지만 딱 부러지게 '이것'이라고 답하기가 쉽지 않습니다. 왜 그런지를 곰곰이 생각해 보던 중 새삼 깨닫게 된 것이 있습니다. 법은 '그릇'이라는 것입니다. 이 말에는 두 가지 뜻이 담겨 있습니다. 무엇을 담을지는 담는 사람 마음이라는 것 하나와, 담는 사람도 일단 그릇의 틀에 구애를 받게 된다는 것이 다른 하나입니다. 즉 누가 법을 채울지의 문제와 법이라는 그릇을 채우는 사람도 그 법에 구속된다는 문제이지요.

법을 채우는 사람도 그 법에 구속된다는 것을 우리는 법치주의라고 부릅니다. 그렇다면 그릇을 채운 행위를 정의라고 부를 수 있을까요? 그렇지는 않겠지요. 법이라는 그릇을 누가 어떤 내용물로 채웠는지는 형식의 문제가 아니라 실질의 문제이므로 그렇게 간단하지는 않습니다. 다만, 민주주의라는 정체를 선택한 나라에서는 그 법을 채울 권리와 의무가 있는 사람이란 그 나라의 국민들 자신이므로 그 국민들이 정의라고 믿는 무엇인가로 채우고자 하겠지요.

근대법의 역사는 처음에는 통치자도 구애를 받는 법치주의를 세우는 데서 시작하여 점점 더 그 내용을 실질적 민주주의에 맞도록 채워 나간 역사라고 할 수 있습니다. 이 책은 이런 근대법의 형식과 내용의 문제를 담고 있지만, 시작할 때 〈비행청소년〉 시리즈의 하나로 구상되어서 청소년이 읽기 쉽도록 집필되었습니다.

그러나 책이 출간된 후 읽어 보신 많은 분들이 이 책은 청소년들도 읽어야 하겠지만 법에 관한 '지적인 대화'를 나누고 싶은 다양한 사람이 청소년 책이라는 선입견 없이 접할 수 있도록 해 주었으면 좋겠다는 의견을 말씀해 주셨습니다. 광범위한 개작을 하여 볼까 생각하기도 하였지만 그럴 경우 언제 다시 책을 내겠다고 약속하기도 막연하고 어려워 우선 보급판으로 배포하기로 하였습니다. 그동안 보여 주셨던 많은 지지와 격려에 대해서는 이 책을 근간으로 하여 법치주의와 정의에 관한 더 넓고 깊은 생각을 담은 책을 써 보겠다는 결심을 밝히는 것으로 보답하고자 합니다.

2016년 5월

김영란

| 프롤로그 | 개구리들의 나라

왕을 원한 개구리

이솝우화에는 왕을 원한 개구리들의 이야기가 있습니다. 개구리들이 신에게 왕을 보내 달라고 빌었습니다. 신은 나무토막을 보내 줬습니다. 개구리들은 만족하지 못하여 강력한 왕으로 바꿔 달라고 또 빌었습니다. 신은 새 왕으로 황새를 보내 줬습니다. 개구리들은 차례차례 황새 밥이 됐습니다. 여기까지가 우화의 줄거리입니다. 그런데 이후에 연못에서는 어떤 일이 일어났을까요?

개구리들이 모두 잡아먹힌 채 이야기가 끝날 수도 있겠지요. 그러나 다른 이야기도 있을 수 있습니다. 가족들이나 친구들이 사라져 가는 것을 그저 보고만 있던 개구리들이 어느 순간 비록 황새가 두렵기는 하지만 연못의 원래 주인은 자신들이라는 것을 깨닫게 되는 거지요. 그리고 그 후에는 상황이 많이 달라지지요. 개구리들이 힘을 합해 황새를 연못에서 몰아내기도 하고, 자신들을 해치지 못하도록 개구리들이 황새와 협상해서 성공하기도 합니다. 그러나 개구리들이 조금이라도 방심하게 되면 연못을 떠난 황새가 다시 돌아올지도 모르고 개구리들을 잡아먹지 않겠다고 약속한 황새가 그 약속을 어길지도 모릅니다. 개구리들은 황새와 권력을 마음대로 휘두르는 몇몇 개구리들을 감시하는 장치를 이중 삼중으로 마련해 놓고 아슬아슬하게 평화를 유지하며 살아갑니다.

사람들이 사냥을 하고 식물을 채취하여 살아가던 시절에도 법이 있었을까요? 확실하게 말할 수는 없지만 약한 사람들은 강한 사람들을 중심으로 모여서 그들의 보호를 받으면서 살아가기 시작했을 때 강한 자들이 제시한 규칙을 따라야 했을 것이니, 이 규칙을 강자의 법이라 부를 수 있겠지요. 인류의 역사가 시작한 이래로 오랫동안 강자의 법이 세계를 지배하였습니다. 그러다가 사상적으로는 기독교 등 종교의 힘이 쇠퇴하고, 경제적으로는 생산력이 도구나 기계의 이용 등으로 증대하면서, 또 자연과학의 발전이 함께하면서 인간의 이성에 대한 자각이 강해졌고 기본권 존중 사상도 싹트기 시작했습니다. 그러자 사람들은 강한 자들의 폭정에 저항할 권리가 자신들에게 있다는 것을 깨우치게 되었습니다. 이런 깨우침이 시작된 때가 서양에서는 18세기 계몽의 시대였고 법의 역사도 그때부터 새로 쓰이기 시작하였습니다.

사람들은 권력의 주인은 다스림을 받아 온 자신들이고 규칙을 정할 권한도 자신들에게 있다는 것을 깨달았습니다. 그들은 강한 자들과 싸우고 그들을 설득하는 과정을 거쳐서 자신들의 대표를 선출하여 의회를 만들었습니다. 의회에서는 법을 선포하기 시작했고요, 사람들은 왕을 폐하거나 왕에게 의회가 만든 법을 지키기를 요구하여 약속을 받아 내었습니다. 그것이 바로 근대민주주의의 시작입니다. 그러면서도 지배자들이 다시 권력을 휘두를 것이 염려되어 이중 삼중으로 권력을 감시하고 견제하는 장치를 만들어야 했습니다. 임기를 두고 지배자를 선출하는 선거제도라든지 권력을 한 사람에게 집중시키지 않고 여러 사람에게 나누는 권력분립제도가 그것입니다.

다시 연못 이야기로 돌아갈까요? 개구리들은 스스로의 권리를 깨닫고 선거를 통해 자신들을 대표하는 개구리들을 뽑아서 법을 만들게 하고 그들에게 법을 집행하는 권한을 맡겼습니다. 그렇다면 이제부터는 아무 문제도 없을까요? 연못에서는 같은 개구리라고 하여도 어떤 개구리는 조금 더 비옥한 곳에서 살아서 먹이를 구하기가 쉬워 힘들지 않게 삽니다. 어떤 개구리들은 몸집도 작고 먹이라고는 구하기도 어려운 연못의 귀퉁이에서 태어나서 어렵게 삽니다. 그러나 이 개구리들도 연못의 주인이기는 마찬가지입니다. 그렇다면 어떻게 해야 모든 개구리가 행복하게 살 수 있을까요?

근대민주주의가 국민주권이 실현되는 통로나 법치주의에 적합한 제도를 어느 정도 마련하자 이제는 그다음 단계가 문제 되기 시작하였습니다.

개구리들의 법

연못의 변화는 개구리들의 깨달음에서 시작했지요? 그런데 깨달음만으로 갑자기 황새를 물리치기란 어려웠을 겁니다. 개구리들은 황새와 조금씩 협상하는 과정에서 황새도 개구리도 지켜야만 하는 법을 만들어 갔을 것입니다. 예를 들어 '황새는 개구리를 잡아먹지 않는다', '개구리는 황새에게 양식을 마련해 준다' 뭐 그런 것이었겠지요. 황새가 법을 지키겠다고 약속한 첫 순간이 정말 중요했겠지요? 그다음부터는 개구리들이 황새와 협상하면서 조금씩 그들의 권리를 넓혀 나가는 순서로 일이 전개되어 갔을 것입니다. 그리고 그런 과정을 거치며 황새가 자신들의 요구에 완전히 굴복한 이후에도 개구리들은 황새 이후의 연못을 다스리는 법을 계속해서 만들어 나가야 했을 것입니다.

이 책은 먼저 개구리들이 이대로는 안 되겠다고 생각한 지점부터 출발합니다. 바로 근대적인 법이 시작한 지점이지요. 개구리들이 의회를 구성하고 스스로 지배자를 뽑는 데까지 성공하자 다음의 문제는 지배자들이 다시 황새로 변해 가는 것을 어떻게 하면 막을 수 있을 것인지, 서로 조건이 다른 개구리들 간의 이해관계를 어떻게 조정하여 평화로운 연못의 삶을 지켜 나갈 것인지 하는 문제들입니다. 그것을 푸는 방식은 가능한 한 많은 개구리가 연못의 주인이 되어 살도록 하는 방향이라야만 하겠지요. 개구리들의 선택은 지금 우리의 언어로 하자면 '법'이라는 모습으로 나타납니다.

여러분들 중에는 법을 가까이서 다루는 판사나 검사, 변호사를 꿈

꾸는 사람들도 있을 것이고, 반대로 법이란 지나치게 딱딱하고 권위적이라고 생각하며 거부감을 가지는 사람들도 있을 것입니다. 법률가가 되길 원하든 법이란 것을 알고 싶지도 않든 '법'은 연못 속에서 살고 있는 주민들 누구에게나 커다란 영향을 미치는 것입니다. 그러므로 연못 속의 주민들 모두가 법에 대해서 제대로 알고 제대로 된 법을 선택해야 하겠지요.

이 책을 읽는 방법

우리는 교과서에서 국민주권의 원리를 익히고, 권력분립의 원리를, 기본권 보호의 원리를 배웁니다. 국민주권이라는 말은 우리가 바로 주권자라는 말입니다. 주권자는 나라를 다스리는 여러 가지 규칙인 법을 제정하고 집행하는 과정에 참여할 권리가 있습니다. 그 과정에 주권자로서 제대로 참여하기 위해서는 원리 자체만 기억하는 것으로는 충분하지 않습니다. 그 원리들이 어떤 역사를 거쳐서 현재의 원리로 자리 잡았는지, 장차는 어떤 방향으로 나아가야 하는지까지 고려해야만 주권자로서 제대로 된 선택을 할 수 있습니다.

우리는 그리스·로마 시대가 민주주의가 싹튼 때라고 배웠습니다. 물론 현재의 민주주의와 관련한 대부분의 제도가 그리스·로마 시대 때 만들어진 것이라고 합니다. 그러나 그 시대는 그 시대의 모순을 가지고 있었습니다. 노예제도가 있었고 여성의 기본권은 인정되지 않았지요. '누구나'에게 열려 있던 시대도 '누구나'를 위한 이론도 아니었던 거지요. 사회계약설을 주장하여 근대민주주의의 기초를 놓은 홉스나 로크도 재산을 가진 시민계급을 보호하기 위한 데서 그 이론을 출발시켰다고 평가됩니다. 삼권분립 이론을 주장한 몽테스키외도 귀족 출신으로서 영국의 명예혁명을 본 후 왕과 귀족, 그리고 시민들이 각각의 자리에서 자신들의 권리를 누리면서 살아 나가는 방법을 연구하던 끝에 권력의 분립과 견제, 균형이라는 원리를 생각해 냈습니다.

시대마다 시대가 안고 있는 문제가 있고 사람들은 그 문제를 풀기 위한 여러 생각들을 쏟아냅니다. 그 생각들 중에서 그 시대의 문제를 해결하고 역사 발전에 도움이 되는 생각들이 살아남아서 현재에까지 영향을 미치는 것이지요.

이 책은 근대민주주의가 정착하고 법치주의가 힘을 발휘하는 지점에서 멈추었습니다. 현재의 민주주의가 마주하고 있는 문제까지는 파고들지 못하였습니다. 우리가 살아가고 있는 현재에도 여전히 근대의 문제는 모두 해결된 것이 아닙니다. 선거철에만 반짝 주권자가 되는 것이 아니라 실질적으로 국민주권을 실현해 나갈 더 좋은 방안은 없는지, 재산권의 자유와 실질적 평등의 문제 사이에서 발생하는 갈등은 어떻게 조절해야 하는지는 여전히 해결하기 어려운 문제로 남아 있습니다.

그러면서도 근대에는 상상하지 못했던 문제들이 분출되고 있는 도중이라고 할 수 있습니다. 예컨대 점점 더 심각해지는 소득불평등을 완화할 수 있는 방법은 없는지, 환경권의 침해는 그 지역 주민만의 문제인지 하는 것들입니다. 근대의 문제가 현재의 문제와 얽혀 있는 중이어서 진단도 어렵지만 누구도 그럴싸한 해법을 내놓지 못하고 있습니다. 시대를 앞서는 혜안을 가진 사람들의 많은 의견 제시와 논쟁이 계속해서 요구되는 단계입니다.

이 책을 읽으면서 근대의 문제가 무엇이고 현재 새로 나타나는 문제들이 무엇인지, 우리 시대의 민주주의가 안고 있는 문제는 무엇이며 그 극복은 어떻게 해야 하는지를 여러분 스스로 생각해 보시길 바랍니다. 여러분이 이 시대의 홉스, 로크 또는 몽테스키외가 되어 주길 바라는 것입니다. 연못공화국의 개구리들에서 보았듯이 이 문제는 정치가나 법률가들에게만 맡겨 두어서는 안 되는 문제입니다. 누가 황새의 공물이 되는지를 정하는 문제가 될 수도 있기 때문입니다.

이 책이 처음 풀빛출판사의 기획으로 출발했을 때는 지금의 글과는 결이 달랐습니다. 법이 만약 인간의 편의를 위해 만들어진 로봇 (Law-Bot)이라고 한다면, 로봇을 조종하는 우리 인간은 어떻게 로봇을 안전하게 작동하게 할 것인가 하는 질문에 대해 다섯 가지 가상의 법률적 사건을 만들어서 살펴보는 형식이었지요. 법 이론가가 아닌 실무가인 저로서는 제가 다루었던 대법원의 판결들에서 그 틀에 맞는 사건을 가져오자고 생각하고 집필을 시작했습니다.

그러나 기획 의도에 맞추어 현실의 사건들을 재구성하고 판결들을 설명해 보려고 쓴 글은 읽기에 너무 어렵고 복잡해졌습니다. 이런 저런 시도 끝에 원래의 기획자인 김재실 님이 법에 대해 가진 소박한 질문에 제가 답하는 글로 기획을 전면 수정하여 지금과 같은 형태를 갖추게 되었습니다.

책이 구성되는 과정도 그러했지만 집필 과정에서도 논리적 비약이나 어려운 설명들에 대해 김재실 님이 끝없이 의문을 제기해 주셨고, 저는 그에 맞추어서 글을 풀어 쓰고 자료를 재조사하는 등의 작업을 해 나갔습니다. 무려 2년에 걸친 노력 끝에 이나마 책으로 묶어 내게 되었으니 제게는 조그만 기적이고, 김재실 님에게는 힘든 과정 끝에 간신히 맺은 결실이라 하겠습니다. 그 노고에 깊이 감사드립니다.

아무쪼록 '법을 생각하는 시민이 되도록 하자'는 애초의 기획 의도가 잘 전달되기를 바랄 뿐입니다.

법의 기원과 역사

1장

법의 탄생

▌ 법이 없는 세상과 법 없이도 살 사람

'법이 없는 세상'을 한번 상상해 보세요. 어떨까요? 평화롭고 고요
한 세상일까요, 아니면 무질서하고 폭력이 판을 치는 세상일까요? 곰
곰이 생각해 보면 우리가 '법 없이도 살 사람'이라고 할 때에는 법이
없어도 남들에게 해를 끼치지 않고 다른 사람들을 먼저 배려하는 선
량한 사람을 떠올릴 거예요. 그런데 '법이 없는 세상'이라고 하면 이
와는 반대로 강한 사람이 약한 사람을 괴롭히거나 마구 부려 먹는 세
상을 떠올리게 되지 않나요?

그러면 같은 말인데도 도대체 왜 이런 차이가 생기는 것일까요?
'법 없이도 살 사람'이란 말은 '법이 있는 세상'에서 법을 의식하지 않
고도 자연스럽게 사는 것을 말한다는 게 이 의문의 정답일까요? '법
없이도 살 사람'은 법이 필요 없는 사람이라는 뜻일 텐데 '법 없이도

살 사람'을 보호하기 위해서 법이 필요한 것은 아닌가요. 사실 법의 출발이나 기원을 생각해 보면 '법 없이도 살 착한 사람들'을 보호하기 위해서 '법'이라는 사회 정의의 기준이 등장했다고 볼 수도 있지요. 그러나 과연 '법'은 정말로 착한 사람을 보호해 준다고 믿어도 될까요?

꼬리에 꼬리를 무는 법에 관한 이런 질문들은 아마 법이 도대체 무엇이냐라는 법의 정의를 묻는 질문과 맞닿아 있을 겁니다. '법 있는 세상', '법 없는 세상', '법 없이도 살' 이런 문구들은 법이 무엇을 하는 것이며, 어떤 쓸모를 가지고 있는지, 그리고 무엇을 지키고 무엇을 금지하기 위한 것인지 그 기능이나 사회적 기준을 정확히 알지 못하기 때문에 서로 상충하는 것처럼 잘못 이해되는 것이 아닐까 싶네요.

그러면 먼저 딱딱한 분위기를 벗어나 좀 더 재미있는 방법으로 법이 어떻게 등장했는지 파악해 보도록 합시다. 이제 두 개의 소설을 소개할 건데요, 두 작품 모두 법의 기원이나 기능과 관련된 부분이 나옵니다. 하나는《돈키호테》의 속편*에 등장하는 장면이고, 다른 하나는 소설《로빈슨 크루소》를 파리 출신 소설가 미셸 투르니에(1924~2016)가 새롭게 해석하여 쓴《방드르디, 태평양의 끝》에 등장하는 장면입니다. 후자의 작품은 혹 들어 보지 못한 사람도 있을 것입니다. 하지만 어렸을 때

---

* 《돈키호테》는 1605년 처음 출간되어 대성공을 거둔 뒤 1615년에 속편이 다시 출간되었다. 돈키호테가 기사도의 이상을 실현하기 위해 여행을 떠난 내용이 우리가 알고 있는 《돈키호테》 전편이라면, 속편에서는 자신의 이야기가 사실에 맞게 알려지고 있는지 확인하기 위해 돈키호테가 여행을 떠나는 내용을 담고 있다.

읽었던 《로빈슨 크루소》의 줄거리를 떠올리면 아주 낯설게 느껴지지는 않을 터이니 한번 같이 그 장면을 감상해 보죠.

1. 위대한 영주 산초 판사(Sancho Pansa)의 법

현명한 재판관 산초 판사[1]

《돈키호테》는 스페인 라만차 지방의 시골 귀족인 돈키호테(알론소 키하노)가 기사도 소설을 너무 많이 읽은 나머지 스스로 기사가 되어서 기사로서의 명예를 드높이는 업적을 쌓기 위하여 길을 떠나 이곳저곳 돌아다니며 겪는 모험을 다룬 소설입니다. 그런데 돈키호테 하면 빼놓을 수 없는 인물이 또 한 명 있죠? 바로 돈키호테가 기사도 편력을 할 때 동행하는 산초 판사입니다. 원래 산초 판사는 돈키호테와 한 마을에 사는 농부였지요. 그런데 첫 소설 속 두 번째 편력과 속편의 세 번째 편력을 돈키호테와 함께하게 됩니다. 산초 판사는 돈키호테가 모험을 하여 어떤 섬이라도 얻게 되면 그 섬의 영주를 시켜 주겠다고 약속하자 그 꾐에 넘어가서 돈키호테의 종자(從者)로 따라 나섰던 것이지요. 돈키호테의 세 번째 편력에서 만난 공작 부부는 장난으로 돈키호테와 산초 판사를 옛이야기 속의 기사와 종자처럼 대접합니다. 그러면서 돈키호테와 산초 판사가 그들에게 속아서 보이는 반응을 즐기지요.

그 장난의 하나로 공작 부부는 자신들이 가진 섬이 하나 있는데 그곳의 영주직을 돈키호테의 대리로서 산초 판사에게 맡기겠다고 약속합니다. 그런데 그곳은 사실 섬이 아니라 바라타리아라는 시골 지역으로 공작 부부가 소유한 땅입니다. 공작은 산초 판사를 데리고 가서 인구 약 1000명이 사는 그 지역을 다스리게 했지요. '바라타리아'란 스페인어로 통치권을 푼돈 한 푼 안 주고 얻었다는 말을 뜻한다고 하니, 작가 세르반테스의 재치도 이만저만이 아니지요? 비록 공작 부부의 장난이었기는 하지만 진짜 섬도 아닌 가상의 섬을 다스리게 된 산초 판사는 의외로 그곳에서 일어난 여러 사건들을 잘 해결합니다. 그중 한 사건만 소개해 볼게요. (이 이야기는 유명해서《돈키호테》를 속편까지 다 읽지 않았다 하더라도 이 부분만은 알고 있는 사람이 더러 있을 것 같군요.)

두 노인이 영주인 산초 판사 앞에 나와서 하소연을 했다. 한 노인은 갈대 줄기 같은 지팡이를 짚고 있었다. 지팡이를 가지지 않은 노인이 먼저 말했다. "영주님, 저는 오래전에 갈대 줄기 지팡이를 짚고 있는 저 노인에게 돈을 빌려주었습니다. 오랫동안 돈을 갚기를 기다렸지만 갚지 않고 있어서 재촉을 하자 돈을 빌린 기억이 없다. 빌렸다면 갚았을 것이다, 이렇게 말하면서 저 노인이 계속 돈을 갚지 않고 있습니다." 그러자 지팡이를 가진 노인이 말한다. "영주님, 돈을 빌린 것을 고백합니다. 그런데 영주님의 그 지팡이를 좀 내려 주십시오. 정말 그 돈을 틀림없이 갚았다고 지팡이 손잡이에 있는 십자가에 손을 얹고 맹세할 작정입니다. 맹세를 하면 없는 일로 하겠다고 하니까요." 그래서 산초 판사는 지팡이를 내려 주었다. 그러자 노인은 자신의 갈대 지팡이를 상대방 노인에게 맡기고 산초 판사의 지팡이를 잡고서는, 자기가 돈을 빌린 것은 틀림없으나 자기는 분명 돌려주었는데 상대방이 그것을 깨닫지 못하고 돌려 달라고 하는 것이라고 맹세했다. 상황이 이렇게까지 되자 돈을 빌려준 노인도 곰곰이 생각해 보고는 훌륭한 그리스도인인 상대방이 진실을 말하는 것이 틀림없을 것이다, 아마도 돈을 돌려받았는데 내가 잊어버렸나 보다, 앞으로 다시는 그 돈의 반환을 청구하지 않겠다고 산초 판사에게 말한다. 그러자 돈을 빌렸던 노인은 자신의 지팡이를 돌려받고는 황급히 법정에서 나가 버렸다.

여기서 끝났으면 주위 사람들을 깜짝 놀리게 한 재판이 되지 않았겠지요? 잠시 생각에 잠겼던 산초 판사는 지팡이를 가진 노인을 다시 불러오게 했습니다. 그러고는 노인에게 지팡이를 넘겨 달라고 했습니다. 노인이 순순히 지팡이를 넘겨주자 산초 판사는 그것을 돈을 빌려주었던 상대방 노인에게 건네주고는 "자, 기운을 내시오, 노인 양반. 벌써 돈을 돌려받았으니까요"라고 말합니다. "그렇다면 이 갈대 줄기가 그만큼이나 값어치가 있단 말입니까?" 상대방 노인이 이렇게 물었겠죠. 그러자 산초 판사는 갈대 줄기를 꺾어 속을 꺼내라고 명령했습니다. 그런데 어땠을까요? 그 갈대 줄기 속에서 빌려 간 돈만큼의 금화가 나왔고, 두 노인은 물론 거기 모인 사람들은 입을 떡 벌리고 산초 판사가 얼마나 현명한지 깜짝 놀라게 된 거죠. 어떻게 이런 극적이고 가슴 뻥 뚫리는 결과를 그가 만들어 내었을까요?

산초 판사는 돈을 빌린 노인이 자신의 지팡이를 상대방 노인에게 맡겨 놓고 굳이 산초 판사의 지팡이를 빌려서 신에게 맹세를 한 다음 황급하게 다시 자신의 지팡이를 돌려받는 모습을 유심히 보았다고 했습니다. 그러면서 그 지팡이 속에 무언가 비밀이 있다고, 즉 돈이 들어 있다는 것을 알게 되었다고 설명했죠. 이렇게 영주 대리인 산초 판사의 현명한 판결 덕분에 마침내 남을 속이려 했던 한 노인은 부끄러워하고 피해를 입을 뻔한 다른 한 노인은 돈을 되돌려 받습니다. 그래서 사람들은 성서 속의 현명한 재판관 솔로몬이 다시 나타난 것이 아닌가 생각했다고 세르반테스는 덧붙입니다. 비록 소설 속 장면이긴 하지만 마치 현실에서 일어난 일처럼 시원하고도 유쾌한 일화가 아닐 수 없지요.

이 이야기는, 법이란 보통 사람들이 상식적으로 받아들일 수 있어야 하지 특별한 사람들이 어렵게 생각해 내는 것이 아님을 은유적으로 말해 줍니다. 일종의 재판관으로서 두 노인의 채무 관계를 훌륭하게 해결한 산초 판사는 어딘가에 명시되어 있는 법 조항을 가지고 문제를 풀어 간 것이 아니라, 사건의 두 당사자와 그 재판을 지켜 본 사람들의 상식에 걸맞고 그들 모두를 납득시킬 수 있는 논리로 문제를 해결했습니다. 이런 희극적 일화를 통해 우리는 법의 보편적 타당성이란 실은 아주 평범한 일상의 상식에서 나오는 것이라는 점을 깨닫게 됩니다. 이것을 뒷받침하는 같은 소설 속 다른 이야기를 내친 김에 더 보도록 하지요. 다음 이야기는 법이 누구를 위한 것이고, 어떻게 존재해야 하는지 그 당위성을 생각하게 합니다.

'위대한 영주 산초 판사 헌법'

이 재판 외에도 산초 판사는 여러 건의 재판을 훌륭하게 해결해서 공작 부부의 지시를 받아 장난으로 산초 판사를 모시던 여러 사람의 존경까지 얻게 되지요. 산초 판사의 활약에 대한 소식을 듣고 아직도 공작의 성에 머무르던 돈키호테는 편지를 보내어 산초 판사를 격려합니다. 그리고 이런저런 주의 사항을 늘어놓으면서 그중 하나로 군주가 포고령을 내리는 일에 관해서 말합니다. 포고령을 내릴 때는 좋은 포고, 특히 사람들이 지키고 따를 만한 것을 발표해야 한다고요. 사람들이 지키지 않는 포고는 있으나 마나 한 것이라고 하면서, 그렇게 되면 군주가 포고를 지키게 할 만한 용기가 없다는 것을 백성들에게 간접적으로 증명하는 것과 다를 바 없다고 지적합니다. 백성들에게 공포를 느끼게만 하지 백성들의 실천을 이끌어 내지 못하는 법률은 마치 '개구리 왕이 세운 말뚝'과 같다고도 합니다. 이 말은 처음에는 개구리들이 왕의 말뚝을 보고 두려워했지만, 점차 그것을 경멸하고 결국은 그 위에 기어 올라간다는 뜻입니다.

이런 돈키호테의 조언을 듣자 산초 판사는 고민합니다. 어떻게 하면 자신이 다스리는 섬에서도 좋은 법률을 만들고 선포해서 백성들의 삶에 보탬을 줄까 하고 말이지요. 그래서 그가 고민 끝에 제정한 법률은 이런 것들이었어요. 포도주를 수입할 때는 어느 지역의 것인지를 명백히 한다, 포도주를 제조할 때 물을 섞거나 포도주를 판매할 때 상표를 바꾸면 사형에 처한다, 거지 전담 담당관을 두어서 그들이 걸식하는 이유가 진실한지 조사하여 가짜 외팔이나 주정뱅이가 거지로 행세하지 못하도록 걸러낸다…, 등등이었지요. 어찌 보면 아주 시시콜콜해 보이는 법 조항들이지만 당시 포도 농사를 지으면서 포도주를 만들어 생계를 유지하던 주민들에게는 이런 법 조항이야말로 매우 중요한 것들이었습니다. 이렇게 중요한 것인데도 그것이 법률로 규정하기에는 너무 사소하다고 지레 판단하고서 법으로 만들지 않고 있으면 이런 상식을 위반한 사람을 처벌할 제대로 된 근거를 갖지 못하게 되지요. 반대로 거창하게 법 조항을 선포한 때에도 그 법이 주민들의 상식과 어긋날 때는 지켜지지 않게 됩니다. 산초 판사가 제정한 법은 참으로 훌륭해서 오늘에 이르기까지 그 법률은 그대로 보존되어 있으며 '위대한 영주 산초 판사 헌법'이라 일컬어진다고 세르반테스는 재치 있게 덧붙입니다.

법의 제일원칙은 '보통 사람의 상식'

장난으로 시작한 영주 놀음이었지만, 임시 영주 산초 판사는 훌륭한 법의 제정자이자 집행관으로 우뚝 섰고 정의의 대변인까지 되었습니다. 왜 그랬을까요? 그것은 그가 법을 올바로 이해하고 활용했기 때문일 겁니다. 이전의 주민들은 '법이 있으나 마나 한 세상'에서 난감한 일을 당하고도 법의 보호를 받지 못하니 억울함을 호소하지도 못했습니다. 반면, 이제 산초 판사가 다스리는 세상에서는 주민들의 상식과 일치하며 그들의 이해를 제대로 반영하는 법의 제정과 집행 아래, 개인 간의 작은 거래조차도 지킬 것은 지키게 되고 처벌받을 것은 처벌받게 되었지요. 그런 의미에서 《돈키호테》의 이 이야기는 법은 어떤 상황에서 필요하고, 그 법은 어떤 성격이어야 하는지를 설득력 있게 제시합니다.

먼저 법은 보통 사람들의 상식에 바탕을 두고 그 상식에 부합해야 한다는 점입니다. 이 점은 이미 앞에서 나온 이야기 그대로이지요. 그다음은 올바른 것과 그른 것을 가르는 기준을 정확하게 제시해야 한다는 것이지요. 앞의 산초 판사 이야기에 나오듯이 뜬구름 잡는 것 같은 애매한 규정이 아니라 상식적으로 이해되는 명확하고 정확한 규정이어야 한다는 것입니다.

여기에다가 덧붙일 것은 법의 기준은 정의로운 태도로 일관성 있게 적용되어야 한다는 세 번째 점입니다. 다시 말해 그가 가진 권력이나 재산과 상관없이 법은 모든 사회 구성원에게 동등하고 공평하게 적용되어야 한다는 것이지요. 사실 많은 법 규정은 사람의 이해관계에 따라서 서로 다르게 해석될 여지를 가지고 있습니다. 특히 지배계층에 유리하게 적용될 수 있지요. 그런 점에서 누구에게나 공평하고 일관성 있게 적용한다는 것은 쉬운 일이 아닙니다. 그리고 이 점은 보통 사람들의 상식에 근거해야 한다는 첫 번째 점과 맞닿아 있습니다.

실제로 사람들이 집단생활을 시작했을 때 그 모습이 어땠는지는 너무나 오래전의 일이어서 누구도 제대로 알지는 못합니다. 그러므로 한 공동체를 상상해 보기로 하지요. 이 공동체는 출발할 때는 그 공동체를 구성하는 사람들의 상식이 유일한 규칙이었을 것입니다. 이런 공동체 사회가 점차 크고 복잡해지면서 개인 사이의, 그리고 공동체와 개인 사이의 이해관계를 조정하는 규칙이 더 많이 필요하게 될 터겠지요. 그럴수록 규칙이 보통 사람의 상식에 근거해야 더 효력이 있을 것입니다.

그러나 인류 역사를 보면 모든 법이 산초 판사의 이야기처럼 보통 사람이나 국민의 눈높이, 상식에 맞추어 처음 태어나고 성장한 것은 아니었습니다. 근대법이 자리 잡기까지는 왕이나 귀족의 이해관계를 우선하는 법이 보편적이었어요. 이런 편향된 법은 왕이나 귀족이 강제로 집행하는 힘을 가지고 있었기에 오랜 기간 유지되었던 것일 뿐이어서 강제력이 없다면 앞에서 말한 대로 '개구리 왕의 말뚝'에 불과할 것입니다. 산초 판사는 왕이나 귀족이 아니었고 서민 중에서도 서민이었으므로 법 제정자로서 고민할 위치에 놓이게 되자 자신이 유일하게 아는 원칙인 '보통 사람의 상식'을 발휘하게 된 것이지요.

세르반테스가 《돈키호테》를 출간하던 17세기 초기에는 근대법이 아직 그 모습을 드러내지 않았습니다. 그렇지만 산업 발달로 부를 축적한 근대 시민들이 조금씩 힘을 얻던 시기였으므로 왕이나 귀족들의 특권을 나눠 가지려는 시민들의 요구가 생겨나는 시점이었습니다. 세르반테스는 산초 판사라는 인물을 통해 이런 움직임을 보여 주고 있는 것이지요. 법이 무엇인지, 어떻게 등장했는지를 알아보는 이번 장에서 산초 판사의 일화를 소개한 것은 바로 이런 장면을 음미해 보기 위해서입니다.

2. 로빈슨 총독의 법

'스페란자 섬 헌장'

이번엔 《방드르디, 태평양의 끝》[2)]을 이야기해 볼게요. 이 소설은 프랑스의 현대 작가 미셸 투르니에가 18세기 영국 작가 다니엘 디포의 소설 《로빈슨 크루소》를 새롭게 쓴 작품입니다.

방드르디는 '금요일'이라는 프랑스 말입니다. 《로빈슨 크루소》에서 로빈슨이 식인종에게서 구해 준 토인 소년의 이름을 '프라이데이'라고 지어 주었잖아요? 이 말을 프랑스어로 바꾼 것이지요. 이 소설의 내용은 큰 줄거리에서 보면 다니엘 디포의 《로빈슨 크루소》와 비슷합니다. 로빈슨이 항해 중 배가 난파되어 무인도에 도착하고, 그곳에서 혼자만의 세계를 살아 나가다가 원주민들에게 죽임을 당할 뻔한 흑인을 엉겁결에 구출했는데, 그에게 방드르디라는 이름을 내리고 그를 자신의 충직한 일꾼으로 부린다는 내용입니다.

원래 다니엘 디포의 소설 《로빈슨 크루소》는 영국이 네덜란드를 꺾고 해상을 제패하면서 식민지를 넓혀 가던 시대를 배경으로 합니다. 그러니 이 소설이 "바다로 나가서 대박을 터뜨려 거액의 재산을 챙기는 것이 만인의 꿈이던 나라와, 그런 시대에 자기만의 섬에서 자기만의 사유재산을 만끽하는 경험담"[3)]이었던 것은 당연하지요.

하지만 유럽의 근대화가 막 시작되던 무렵에 나온 원작과 1967년에 미셸 투르니에가 발표한 《방드르디, 태평양의 끝》은 많이 다릅니다. 뒤의 작품은 유럽이 근대화가 최고조로 도달한 막바지에 1, 2차 세계대전이라는 참화를 겪으면서 근대 문명, 특히 인간 이성에 대한 신화가 무너진 뒤에 나왔기 때문입니다.

소설의 전반부에서는 다니엘 디포의 로빈슨과 마찬가지로 홀로 표류한 로빈슨이 집을 짓고 농장을 만들고 염소를 사육하면서 부지런히 일하는 모습이 나옵니다. 그런데 소설의 중반부에서 방드르디가 로빈슨의 담배를 훔쳐 피우다가 화약이 폭발하는 사고가 일어납니다. 그러자 집도 무너지고 식량도 흩어져 버리는 등 로빈슨이 애써 만든 세계가 모두 무너져 버리죠. 로빈슨은 이후 근대적인 방식의 삶을 포기하고 방드르디가 이끄는 대로 대자연의 흐름에 자신을 맡기는, 방드르디식 삶의 방식을 따라 살아갑니다. 《방드르디, 태평양의 끝》에서 로빈슨은 마지막에는 화이트버드호에 구출되어 집으로 갈 수 있었지만, 다시 자연을 상징하는 섬으로 돌아오는 길을 택하죠. 말하자면 근대화의 길을 버리고 자연과 공생하는 자신의 길을 선택한 겁니다.

법이라는 주제와 관련된 장면은 아직 방드르디가 등장하기 전, 로빈슨이 표류하다가 섬에 머무른 지 1000일째 되는 날에 나옵니다. 로빈슨은 배에서 구한 예복을 차려입고 책상 앞에 서서 '스페란자 섬 헌장'을 쓰기 시작합니다. 제1조는 로빈슨이 섬의 총독으로서 법을 제정하고 시행하는 전권을 수임했다는 선언입니다. 이어 섬에 거주하는 주민은 일체의 생각을 알아들을 수 있도록 크고 높은 소리로 말할 의무가 있다, 금요일은 금식한다, 일요일은 휴일이다 등등 모두 6개조의 조문으로 된 헌법이 완성되죠. 이어서 형법도 만드는데요, 헌장을 위

반하면 여러 날 동안 금식하거나 구덩이 속에 감금한다는 내용의 제1
조를 포함하는 4개의 조문으로 되어 있습니다.

엄숙한 법 선언인데, 왜 우스운 거지?

그런데 좀 이상하지 않나요? 혼자 사는 로빈슨에게 헌법과 형법이
무슨 소용이 있을까요? 그리고 휴일을 정한다든지 금식일을 정한다
든지 하는 규칙들도 헌법이라는 형식을 갖추어서 선언하기에는 뭔가
사소하다는 생각이 들지 않나요?

산초 판사는 영주로서 보통 사람들에게 꼭 필요한 법을 보통 사람
의 시각에서 만들었습니다. 법이 보통 사람들이 자연스러운 삶과 연
관된다는 것을 상징하지요. 그러나 로빈슨의 법 선언은 영국에서 의
회 제도가 어느 정도 모습을 갖춘 이후, 의회에 의해 법이 엄숙하게
제정·선언되는 모습을 상징하고 있다고 할 수 있어요. 이 경우 법은
삶의 현장에서 보통 사람들로부터 자연스럽게 나오는 것이 아니라
보통 사람들을 대표한다는 의미로 선출된, 하지만 꼭 그런지는 불투
명한 의원들에 의해 만들어지는 것이지요. 한마디로 말하자면 '스페
란자 섬 헌장'의 제정과 선언은 근대의 대의민주주의 원칙에 따라서
의회 제도가 정착된 다음 형식적인 법이 제정되고 선포되는 과정을
잘 드러내는 것이라 하겠지요.

그래서 비록 자신이 섬의 유일한 주민이었음에도 로빈슨은 그 자
신의 투표에 의해 총녹이자 의회 의원으로 선출되고, 혼자서 의회를
통한 법을 제정하고 선포하는 절차를 거칩니다. 산초 판사의 법이 왕

이나 영주에 의해서 제정되어 내려보내진 법이라면, 로빈슨의 법은 지배를 받는 사람들이 선출한 의원으로 구성된 의회에서 만들어진 점에서 근대적인 법에 형식적으로는 더 가깝다고 할 수 있습니다. 법의 지배를 받는 사람이 스스로 만드는 법을 근대적 의미에서 진정한 법이라고 본다면, 피지배자들이 스스로 선출한 의원들에 의하여 법을 만들기 시작한 때로부터 근대적 의미에서의 진정한 법의 역사가 시작되었다고 할 수 있습니다.

방드르디가 등장하면서 로빈슨 총독이 힘들여 만든 섬의 질서를 파괴하는 대형 사고를 계속해서 내자, 섬에서의 모든 근대적 통치 질서가 무너지고 근대적인 법도 무의미하게 되어 버립니다. 이 장면은 마치 법이란 사람들의 삶을 반영하는 것이라서 아무리 정당한 형식적 절차에 따른 것이라 하더라도 민심에 따라 발전하기도 하고 퇴보하기도 한다는 것을 상징적으로 보여 주는 것 같지 않나요?

3. 법의 기원

법은 공동생활을 위한 규칙으로부터 출발

이렇게 산초 판사의 법과 로빈슨 총독의 법, 두 개의 소설 속에 나오는 법을 보면 우리는 법이 탄생하는 과정과 그 정당성의 근거를 짐작할 수 있게 됩니다. 그리고 과연 법은 어떠해야 하는지에 대해서도 생각이 꽤 정리가 되죠. 법과는 너무도 거리가 있어 보이는 소설이 사실은 법과는 관계없어 보이는 보통 사람들이 얼마나 깊이 법의 탄생이나 집행과 연관되어 있는지, 그리고 법의 실질적 행사에 얼마나 많은 영향을 미칠 수 있는지를 일깨워 줍니다. 그러나 이렇게 보통 사람의 상식과 연결되는 법이 탄생한 것은 그리 오래된 일이 아닙니다.

그렇다면 실제로 법이 언제, 누구에 의해서, 어떤 필요 때문에 탄생하게 되었는지 그 기원부터 찾아가 보도록 하겠습니다. 현재의 우리 자신을 보다 정확하게 알기 위해 우리는 역사책을 들여다보면서 인간의 기원부터 오늘에 이르는 과정을 추적하잖아요? 지금 그것과 꼭 마찬가지의 일을 하자는 거예요. 현재 우리 앞에 실제로 존재하는 그 법이 어떻게 생겨났는지 알아본다면 실체 없는 유령처럼 느껴지던 법이 어렴풋이나마 실루엣을 드러내지 않을까요.

자, 그런 기대를 안고 법이 어떻게 태어나게 되었는지 알아보도록 하죠. 그런데 참으로 안타깝게도 정확하게 언제 어디서 현생 인류가 탄생했는지 분명하지 않듯이 법 또한 언제 어디서 시작되었는지 그 출발 지점이 명확하게 기록되어 있지는 않습니다. 우리 인류가 오늘날과 같은 호모 사피엔스 사피엔스(슬기슬기 사람)로 진화한 것이 대략 20만 년 전이라고 추정되고 있지요? 이 사람들이 모여서 집단을 이루고 살게 되면서 자연스럽게 공동생활을 위한 규칙들이 생기게 되고, 그 규칙이 국가의 탄생과 더불어 굳어져 법이 되었을 것이라고 추정되고 있습니다. 그러니까 집단 구성원이 서로의 평화로운 생활을 보장하기 위해 합의한 집단적 규칙이 생겨나고 그것이 점차 굳어져 법이 되었다고 할 수 있죠. 날카로운 이빨도 없고 강인한 팔다리도 없는 인류의 생물학적인 한계 때문에 선택한 집단생활 과정에서 법이 기원한 것입니다. 인류 역사가 진전되면서 한 사회를 구성하는 집단 조직이 국가를 이루고 지배계층과 피지배계층으로 나뉘면서, 지배계층의 지배를 보장하기 위하여 법은 지배계층에는 유리하고 피지배계층에는 불리하게 발전되었습니다. 그렇지만 지배계층의 이익을 아무리 대변한다고 해도 법이 인류의 집단생활과 더불어 출발했고 집단생활의 평화로운 질서 유지를 그 기본 기능으로 삼는다는 점에서는 변함이 없습니다. 왜냐하면 사회질서를 유지하지 못하게 된다면 법이든 국가든 존재 이유가 사라지기 때문이지요.

시대에 따라 다르게 만들어지는 법

그러면 오늘날 우리에게 알려진 최초의 법은 어떤 것이 있을까요? 세상에서 가장 오래되었다는 법전의 하나인 '함무라비법전'** 이나 우리나라에서 가장 오래된 법인 고조선의 '8조금법' 등이 성문법, 그러니까 문자 기록으로 남겨진 최초의 법이라고 할 수 있지요. 그런데 흥미로운 것은 다음과 같은 함무라비법전의 구절입니다.

다른 사람에게 억압을 받는 자, 소송을 당한 사람은 정의로운 왕인 내

** 기원전 1750년 무렵에 바빌로니아의 함무라비왕이 제정한, 한때는 세계에서 가장 오래된 성문법으로 알려졌던 법. 282조의 법조문이 약 2.25미터의 원기둥꼴 현무암에 설형 문자로 새겨져 있다.

석상 앞에 와서 서라. 그는 석상에 새겨진 명문을 읽고 내 귀중한 말을 이해하게 될 것이니라. 이 명문으로 그의 소송을 해결하게 되리라. (그리고) 그는 무엇이 정의인지 깨닫고 기쁨에 넘치리라.

이 글로 보면 함무라비왕은 자신의 법전을 '정의'를 실현하는 기준이라고 자부하고 있는 것 같지요?

함무라비법전이나 8조금법 같은 법들은 "눈에는 눈, 귀에는 귀"라는 함무라비법전의 조문처럼 다른 사람에게 손해를 끼쳤을 때 거의 비슷한 배상을 하도록 규정한 무시무시한(?) 법이기도 하지요. 서아시아든 우리나라든 고대 국가의 법은 사유재산 보호와 손해에 따른 동등한 형벌이나 배상 등을 규정하고 있는 특징을 보이지요. 그러나 실은 신분에 따라 처벌이나 배상의 정도는 달라지기도 합니다. 예를 들어 함무라비법전에서는 "제196조 자유민의 눈을 뽑은 자는 그 눈을 뽑는다. 제197조 자유민의 뼈를 부러뜨린 자는 그 뼈를 부러뜨린다. 제198조 천민의 눈을 뽑거나 뼈를 부러뜨린 자는 은 1미나의 형에 처한다. 제8조 사람이 소나 양이나 나귀나 돼지를 훔쳤는데 그게 만약 신전이나 궁전의 것이면 30배를 물고, 천민의 것이면 10배를 물어야 한다. 만약 도둑이 그렇게 할 능력이 없으면 그를 사형에 처한다"라고 하고 있습니다.[4]

지금 기준으로 보면 이상하지요? 같은 죄라도 그 상대에 따라 처벌과 벌금의 내용이 달라지니까요. 이처럼 시대에 따라서, 그것을 만든 사람에 따라서 법은 다르게 만들어지며 의미나 내용이 달라지기도 하지요.

　그러면 이제부터 법이 왕의 절대적인 권력 행사 수단에 불과하던 모습에서 오늘날처럼 보편성을 지향하는 근대법으로 그 모습을 변화해 나가는 과정을 역사 속에서 살펴볼까요? 그것은 바로 근대적 의미의 법치주의가 탄생하는 과정이기도 합니다.

2장

근대법의 태동

1. 근대법의 시작

이전까지의 법은 왕권을 지키기 위한 도구

법이 보통 사람들, 그러니까 국민이 상식으로 받아들일 수 있는 것이어야 현실적인 법으로서 정당성과 실효성을 가질 수 있다는 점은 앞에서 이미 지적한 바입니다. 그러나 과거 인류 역사에 등장한 수많은 법들, 성문법이든 불문법이든 상관없이 대다수의 법들은 이런 상식을 어느 정도는 반영하고 있었지만 반드시 그런 것은 아니었습니다. 권력을 누가 쥐고 있었느냐에 따라서 법의 조문과 그 적용이 달라질 수 있었기 때문이지요.

고대사회였음에도 그리스나 로마 같은 민주정이나 공화정에서는 법이 일반 시민의 이해관계를 대변하기도 했지요. 물론 노예제도가 존재하던 시대이므로 이때의 일반 시민에는 극소수의 자유민들만 해당되었다는 시대적인 한계는 있지요. 하지만 로마 제국 이후의 서양이나 한(漢)나라 이후의 동양 그 어느 곳을 막론하고 대다수의 왕조국가들에서 법은 절대적인 권력을 차지하고 있는 왕과 귀족의 지배질서를 정당한 것으로 만드는 데 아주 큰 역할을 합니다.

중세까지 기독교 교회의 힘이 왕권보다 강했던 서양의 경우 왕의 권력은 신이 내려 준 것이라 생각했기에 이 시기의 법은 신이 내린 권력을 왕이 행사하는 데 쓰이는 도구에 지나지 않았습니다. 그러므로 이때까지는 아직 통치의 절대적인 기준으로 기능하는 법의 고유한 모습이 전부 드러났다고 보기 어렵겠지요? 이러한 왕권의 행사를 위해 제정되고 집행되던 '도구로서의 법'은 영원할 수 없었습니다. 산업이 발달하고 시민사회가 커져 감에 따라 왕이 자기 마음대로 권력을 행사하는 것이 수많은 보통 사람의 저항을 불러일으켰기 때문이지요. 그 결과 왕권의 행사라 할지라도 '법'에 의해 행해져야 한다는 원칙이 성립되면서 근대적 의미의 법치주의가 시작되었습니다. 왕권을 견제하고 제한하려는 귀족계급과 상공업의 성장으로 힘이 커진 시민계급의 이해관계가 합치되면서 가능해진 현상이지요.

근대적 법치주의의 기원으로 꼽히는 것은 영국의 대헌장(마그나 카르타, Magna Carta)입니다. 사실 대헌장은 왕권에 대한 귀족들의 권리 보장을 위한 것이어서 법치주의의 출발이라고 보기에는 무리가 있습니다. 그러나 '시작의 시작'이라고 할 수는 있을 것입니다.

로빈 후드와 존 왕

대헌장을 말하기 전에 먼저 로빈 후드 얘기부터 해 볼까 합니다. 로빈 후드는 실제로 살았던 인물인지 확실하지 않다고 합니다만, 세월이 흐르면서 존 왕에 대항하여 대헌장을 만들게 한 인물이라는 신화로까지 발전했기에 살펴볼 법하지요.

존 왕은 1199년부터 1216년까지 영국의 왕위에 있었습니다. 아버지는 플랜태저넷 왕조를 연 헨리 2세이고, 어머니는 자녀들을 유럽의 여러 왕가들과 결혼시켜 그 핏줄이 여러 왕가들에 흐른다는 이유로 유럽의 어머니라고도 불리는 아퀴텐 출신의 엘레오노르였지요. 아버지인 헨리 2세는 영국의 영토를 넓히고 새로운 제도를 정착시키는 데 큰 업적을 쌓은 왕입니다. 특히 영국의 보통법 체계를 정착시키고 재판제도를 제대로 세우는 데 기여한 것으로도 유명합니다.[*]

헨리 2세 당시 영국의 영토는 스코틀랜드와의 경계에서부터 피레네 산맥까지였다고 합니다. 지금의 프랑스 땅 대부분이 헨리 2세의 통치를 받고 있었던 거지요. 당시 프랑스 왕 루이 7세와 그 아들 필리프 2세는 헨리 2세와 끝없는 전쟁을 벌여서 프랑스 영토를 넓히는 데

---

[*] 헨리 2세는 각 지방에 왕을 대신한 재판관을 파견하여 재판을 하게 했다. 그래서 차츰 각 지방의 관습이 아니라 똑같은 영국 법에 의한 재판이 영국 전체로 퍼지게 되었고, 이렇게 형성된 법을 보통법이라 하게 되었다. 이 당시의 법은 조문 형식으로 정리된 성문법이 아니라, 각 재판 때마다 재판관이 옳다고 믿는 것을 정리한 판례법이었다. 즉 한 사건을 다루는데 그 사건과 유사한 재판이 이전에 있었다면 그 재판에 적용된 원리가 그다음 재판에도 그대로 적용되는 방식으로 이어지고 발전되는, 조문으로 정리되지 않은 불문법이었다. 그래서 보통법은 불문법과 같은 의미로 쓰이기도 하고 관습법과 같은 의미로 쓰이기도 한다. 또한 헨리 2세 시절부터 12명 이상의 배심원이 참여하는 배심 재판이 시작되기도 했다.

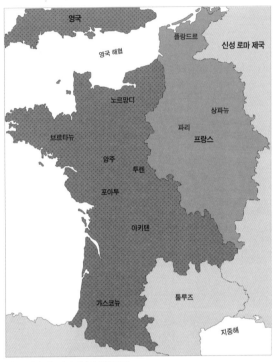

헨리 2세가 다스리던 시기의 영국 영토.
지금의 프랑스 땅 대부분을 영국이 통치했는데, 지도상에서는 점으로 채워진 부분이다.

혈안이 되어 있었습니다. 프랑스 왕은 헨리 2세의 아들들을 뒤에서
도와서 헨리 2세와 어떻게든 다투게 하여 어부지리의 이득을 얻는 것
을 전략으로 하고 있었습니다. 이 작전은 성공을 거두어서 헨리 2세
를 승계한 리처드 사자심왕(너무나 용맹하여 사자의 심장을 갖추었다고 해서 붙
여진 이름)과 존 왕을 거치면서 유럽 대륙의 영국령은 점점 줄어들다가
결국 존 왕 대에 대부분을 잃고 맙니다. 그래서 존 왕은 실지왕(失地王,
땅을 잃었다는 말), 결지왕(缺地王, 땅이 부족하다는 말), 무지왕(無地王, 땅이 없다

는 말) 등으로 불리기도 하죠. 반대로 필리프 2세는 프랑스의 땅을 가장 많이 넓힌 왕으로 존엄왕이라고 불리고요.

몇 년 전에 나온 한 영화[**] 속에서 로빈 후드는 리처드 사자심왕의 궁수로서 프랑스와의 전쟁에 참가한 것으로 설정되어 있습니다. 그러다가 우연히 리처드 왕의 사망을 목격하게 되고, 리처드 왕의 왕관을 영국에 있던 존 왕에게 전달해 주어 존 왕이 무사히 왕위 계승을 하도록 돕죠. 그러나 존 왕의 폭정으로 백성들의 삶이 고달파지자 로빈 후드는 이런 백성들을 보면서 존 왕에게 대항하기로 결심하고 시골 귀족들을 모아 전쟁을 일으키게 되죠. 결국 존 왕은 로빈 후드의 요구대로 대헌장에 서명하는 것으로 결말이 납니다. 영화에서는 대헌장이 성직자와 귀족만을 위한 것이 아니라 현대적 의미에서 시민의 권리를 보장하는 문서인 것처럼 나오지만 사실과는 약간 다른 내용이지요.

2. 근대 법치주의 탄생의 역사

왕도 법에 따르라 - 대헌장

실제로도 1215년 대주교와 귀족들이 힘을 모아 존 왕에 대한 충성 포기 선언을 하게 되자 영국 국정은 마비되고 말았습니다. 위기를 느

[**] 2010년에 개봉한 〈로빈 후드〉. 리들리 스콧이 감독을, 러셀 크로우가 주연을 맡았다.

낀 존 왕은 귀족들이 원하는 대로 무엇이든지 따르겠다고 하고, 그들이 요구하는 내용대로 문서를 만들어 서명을 했습니다. 그것이 바로 마그나 카르타, 즉 대헌장입니다. '마그나'는 크다는 뜻이고 '카르타'는 권리를 명시한 헌장을 의미합니다.

대헌장은 의회(오늘날의 의회와는 달리 귀족들로 구성된 대자문회의를 말함)의 승인 없이는 과세하지 않는다, 자유민은 판결이나 국법에 의하지 않으면 체포·감금할 수 없다는 등의 내용을 담고 있어요. 다시 말하면 대헌장의 주요 내용은 자유민의 신체 자유를 보장하고, 왕이 조세를 부과할 때에는 법률에 따라야 한다는 것입니다. 다만 당시는 봉건제도하에 있었으므로 이때의 자유민은 성직자와 귀족, 자유 시민을 뜻하였고 봉건 제후에 예속돼 있는 사람들(농노 등)은 제외되었습니다. 따라서 그 혜택은 대부분 성직자나 귀족들에게 돌아가는 것이니, 결국 왕권으로부터 귀족들의 권리를 보호하기 위한 것이라고 할 수 있지요.

이런 한계에도 불구하고 왕권도 법에 복속하며, 개인의 권리를 규제하는 것도 법에 의해서만 할 수 있다는 법치주의를 선언했다는 점에서 대헌장의 역사적 의의나 이후의 영향력은 어마어마했다고 할 수 있습니다. 최초로 근대적인 법치주의를 표방한 대헌장이었지만 공표된 지 몇 달 지나지 않아서 교황에 의해 취소되고 마는 운명에 처합니다. 존 왕이 귀족들의 강압에 못 이겨서 서명했다는 이유였지요.[5] 그러나 그로부터 머지않아 영국에서는 성직자나 귀족 등이 대표를 선출하는 의회 제도가 확립되었고 이후 의회가 중심이 되어 왕권

을 제한하는 권리청원, 권리장전으로 이어지면서 대헌장은 근대적인
영국식 민주주의를 발전시키는 초석이 되었습니다.

왕권을 제한하라 – 권리청원

대헌장으로부터 400여 년이 지난 후 의회가 왕과 겨룰 수 있을 정
도로 힘을 키우자 본격적으로 왕권을 제한하려는 권리청원을 하게
되지요. 이 시기는 셰익스피어가 살았던 엘리자베스 여왕의 시대를
거친 다음이었죠. "나는 영국과 결혼하였다"라고 외친 엘리자베스 여
왕 대에 이르러 영국은 스페인의 막강한 해군을 물리치고 식민지를
넓혀 나갑니다. 말하자면 엘리자베스 여왕은 재위 45년 동안에 영국
을 가난한 섬나라에서 유럽 최강의 나라로 만든 거지요. 특히 엘리자
베스 여왕은 의회에 대해서도 강경책과 온건책을 번갈아 쓰면서 좋
은 관계를 유지했습니다.

그러나 그녀의 뒤를 이은 제임스 1세는 의회와 심한 마찰을 빚었
고, 제임스 1세의 아들 찰스 1세는 더 독단적인 행동으로 의회와 대
립하게 되죠. 두 왕 모두 왕권신수설을 믿으며 자신들의 절대 권력을
누리려고 했기 때문입니다. 왕권신수설은 교회가 막강한 힘을 발휘
하던 중세부터 왕권이 강화되었던 절대 왕정 시대까지 유럽의 주요
왕들이 자신들의 권력은 신이 부여한 것이라서 신성불가침하다고 주
장한 이론이지요.

어쨌든 왕권이 절대적이라고 믿으며 의회를 무시하던 찰스 1세
도 잦은 대외전쟁으로 재정 적자에 시달리자 재원 마련을 위해 어

쩔 수 없이 의회를 소집하게 됩니다. 이렇게 되자 의회도 찰스 1세의 요구를 받아들이되 조건을 붙이기로 했습니다. 왕권을 제한하는 내용의 문서를 작성하기로 한 것이지요. 그러나 형식은 왕에 대한 청원 형태로 하기로 했습니다. 의회의 청원을 왕이 수용하는 방식을 취하면, 왕으로서는 체면을 구기지 않아도 되고 의회로서는 당초의 목적을 달성할 수 있다는 생각이었지요. 그래서 만들어진 것이 1628년의 권리청원(Petition of Rights)입니다.

권리청원은 비록 의회가 제정하고 반포한 법은 아니었지만 신체 자유권의 확인, 무차별한 상납금 강요 금지, 의회의 동의 없는 과세 금지, 왕명에 의한 임의의 특별 재판 금지, 이유의 명시 없는 체포나 구금 금지, 군대의 강제적인 민박 금지 등의 내용을 담았습니다. 이런 사항은 사실 대헌장에서도 이미 등장한 것이었지만, 이제 의회의 힘이 커지자 의회를 통해 시민들의 권리를 확보하려 했다는 점에서 대헌장과는 달랐지요.

하지만 찰스 1세는 권리청원을 승인하고도 이를 지키지 않았습니다. 의회와 찰스 1세의 대립이 계속되자 찰스 1세는 의회를 해산하고 권리청원을 폐기해 버렸지요. 그러나 권리청원은 국왕보다 법이 우위에 있다는 원칙을 확고하게 했다는 점에서 영국의 역사에서도 중요하다고 평가됩니다.

권력은 의회로부터 - 권리장전

이렇게 되자 찰스 1세의 전횡에 저항하는 움직임이 일어나 점차 확산되었고, 1642년 크롬웰을 중심으로 한 영국의 의회파는 전제적인 찰스 1세에 맞서 청교도혁명을 일으켰습니다. 오랜 내전 끝에 1649년 의회파는 마침내 승리를 거두어 찰스 1세를 처형하고 공화국을 선언했지요. 하지만 이후 호국경*** 크롬웰은 왕이나 독재자에 버금갈 정도로 권력을 휘둘렀습니다. 크롬웰이 죽자 영국은 1660년 찰스 1세의 아들인 찰스 2세에 의하여 다시 왕정으로 돌아갔습니다. 그리고 찰스 2세의 동생인 제임스 2세가 다시 왕권을 승계하였습니다.

찰스 2세와 제임스 2세는 둘 다 아버지와 마찬가지로 독단적인 왕권을 행사하려 해서 의회와 계속 충돌하였습니다. 제임스 2세의 독재에 국민들 사이에는 반감과 공포가 퍼졌습니다. 그러자 그때까지 왕권을 옹호해 오던 토리당도 제임스 2세의 폐위 움직임에 가세해 휘그당과 공동으로 왕의 폐위를 결의하였습니다. 1688년에 의회는 왕의 장녀로서 신교도인 메리와 그 남편인 네덜란드 총독 윌리엄을 공동 통치 형태로 영국 왕으로 맞이하였습니다. 피를 보지 않고 혁명을 이룩한 것이라고 해서 이를 명예혁명이라 칭하지요.

의회는 1689년에 의회의 권리를 명실상부하게 확보하기 위해 '권리장전(Bill of Rights)'을 통과시켰습니다. 권리장전의 통과는 국왕과

*** 1653~1659년에 존재한 영국 혁명정권의 최고행정관. 입법권·행정권·관리임명권·군사권·외교권 등도 가지며, 임명은 세습에 따르지 않고 선거로 이루어진다고 하였다. 크롬웰이 초대에 취임하여 사실상 독재에 가까운 권력을 휘둘렀다. 호민관이라고도 한다.

의회가 권리청원 이전부터 거의 100여 년에 가까운 시간 동안 대립해 온 역사에 종지부를 찍은 사건이라고 평가되지요. 권리장전 이후 영국은 권력이 법을 제정하는 의회로부터 나오고, 의회에 의해 왕권이 제한되는 입헌군주제가 확립됩니다. 권리장전 안에는 제임스 2세의 불법행위를 12개 조로 열거하면서 의회의 동의 없이 왕권에 의해 이루어진 법률이나 그 집행 및 과세는 위법하다는 선언과 국민의 자유로운 청원권의 보장, 의원 선거의 자유 보장, 의회에서 언론 자유의 보장, 지나친 보석금이나 벌금 및 형벌을 금지하는 내용 등이 들어 있습니다.

이렇게 근대적 법치주의와 국민의 인권 보장을 담은 권리장전은 이후 세계 각국의 민주주의와 입헌주의 발전에도 큰 영향을 미치게 되지요. 입헌군주제가 아니라 민주공화정을 세운 미국의 독립 혁명이나 근대민주주의의 상징이 된 프랑스혁명 등에도 권리장전이 밝혔던 법치주의와 인권 보장 정신이 상당 부분 반영되었답니다. 이런 이유로 오늘날 각국의 헌법 속에 규정된 인권을 보장하는 조항을 '권리장전'이라고 부르는 것이 일반화되어 있습니다. 그러니 대한민국 헌법 '제2장 국민의 권리와 의무'는 한국의 권리장전이라 부를 수 있겠지요?

3장

근대법의 토대

– 사회계약설

오늘날 많은 나라의 법은 대부분 서양에서 시민혁명을 거치면서 봉건사회의 법률을 폐기하고 만든 근대법의 영향을 받아 만들어졌습니다. 시민혁명이 일어나기 이전인 14세기부터 16세기에 걸쳐 서양 사회는 르네상스(문예 부흥기)를 거치면서 신에게 무조건 복종하는 기독교 질서가 아닌 자유로운 인간 정신에 토대를 둔 그리스·로마를 이상으로 삼는 방향으로 전환이 이루어졌습니다. 또한 17~18세기에는 르네상스 정신을 이어받아 인간의 이성을 절대적으로 신뢰하면서 인간 이성에 의한 사회 발전을 희망적으로 바라보았던 계몽주의 사상이 널리 퍼지게 되지요. 이런 과정 속에서 모든 권력은 천상의 신이 지상의 왕 또는 교황에게 부여한 것이고, 법은 왕이 그 권력을 행사하기 위한 도구에 지나지 않는다는 생각도 바뀌게 됩니다.

르네상스를 거치고 계몽주의 시대의 한복판에 서 있었던 홉스, 로크, 루소 같은 사상가들은 기독교 정신이 물러난 근대는 사상의 빈 들판이라고 선언합니다. 여기서 '빈 들판'이란 인간의 이성이 새롭게 뿌리내리며 미래를 설계해야 하는 백지와 같은 상태를 의미하는 것이었죠. 이 백지 상태의 들판에서 그들은 법이 처음 탄생하던 그 먼 과거의 초기 사회에 대해서도 이성의 빛을 통해 추리할 수 있다고 생각했습니다. 신이 왕에게 권력과 법을 내려 준 것이 아니라면, 사람들은 왜 법을 만들고 왕을 포함해서 법을 집행하는 사람을 정하여 자신들의 권리를 맡겼는지에 대해 생각했습니다. 그래서 나온 것이 바로 사회계약설입니다.

1689년 영국 의회의 권리장전이나 1789년 프랑스혁명 때 나온 인권선언은 모두 이와 같은 사회계약설의 영향을 받은 것이기도 하지요. 특히 로크의 사상은 미국으로 건너가서 미국 헌법을 기초하는 데에도 큰 역할을 하게 됩니다. 미국 국민들은 태어날 때부터 생명, 자유, 행복 추구권, 재산권을 부여받았으며 정부와 법률은 그러한 천부적인 권리를 보호하는 것이라고 확고하게 선언하는 헌법의 토대가 된 것이지요.

그러면 이제 이들이 상상한 초기 사회의 모습으로 들어가 볼까요? 그들의 상상이 사회계약설을 만드는 출발점이 되기 때문입니다. 인간이 사회를 이루기 전인 자연 상태는 폭력과 약육강식으로 점철된 사회였을까요, 아니면 우정과 조화가 지배하는 평화로운 상태였을까요? 이에 대해서는 사회계약설을 대표하는 홉스, 로크, 루소의 상상이 조금씩 다릅니다.

1. 홉스 – 만인의 투쟁을 제어할 강력한 존재를 세워라

　인간의 자연 상태가 '만인의 만인에 대한 투쟁'이라고 본 홉스 (Thomas Hobbes, 1588~1679)는 사람들이 인류의 보존, 사회의 안정을 위해서 리바이어던과 같은 강력한 국가 권력에 주권을 양도하고, 그 보호 아래에서 자신의 권리를 지키면서 살게 되었을 것이라고 상상했습니다. 리바이어던은 구약성서에 나오는 상상의 존재인데, 죽지 않고 영원히 산다는 무시무시한 괴물입니다. 성경에서는 여호와의 적이며 혼돈의 원리로 제시되었지요.

　그런데 홉스는 왜 이런 생각을 하게 되었을까요? 그는 자연과학의 대두로 기독교적 세계관이 흔들리게 되자 신의 섭리에 따라 세워진 세계가 아닌 최초의 자연 상태를 생각해 보았던 것입니다. 홉스는 최초의 자연 상태에서 인간은 모두 동등하므로 모든 사람들이 자신의 욕망을 채우기 위해 이기적으로 행동할 것이라 상상했습니다. 말하자면 인간의 욕망과 이기심에 방점을 찍은 셈이죠.

　이렇게 되면 세상은 '만인의 만인에 대한 전쟁 상태'가 될 것이라고 생각할 수 있겠지요? 하지만 인간은 한편으로 이성적인 존재이기도 하니 이런 무질서와 혼란 상태를 그대로 두고 방치할 수는 없는 노릇이지요. 그래서 혼란과 무질서의 자연 상태로부터 자신들을 보호하며 살아남기 위해서 만인을 모두 제어할 수 있는 강력한 존재인 리바이어던이라는 절대 군주에게 자신들에 대한 통치권을 맡기게 되었다는 것이 홉스의 생각입니다.

왕권이 신으로부터 나온다고 생각한 왕권신수설의 왕들과는 달리 이 절대 군주는 사회계약에 의하여 통치권을 부여받은 존재입니다. 그러니 왕권신수설의 왕들과는 달리 사회계약에 의해 만들어진 절대 군주로서 신민들의 자기 방어권, 자연권을 인정해야겠지요. 이 내용만 보면 홉스는 중세의 절대적인 왕과는 달리 국민들의 기본권을 인정하지만 그렇다고 절대 군주를 부인하지도 않고 있지요. 그래서 홉스는 마치 절대 왕정의 옹호자처럼 오해받기도 합니다. 과연 그럴까요?

홉스는 1642년 크롬웰이 청교도혁명을 일으킨 후 처형된 찰스 1세의 아들 찰스 2세의 가정교사였다고 합니다. 그래서 청교도혁명 당시에는 왕당파로 분류되어 프랑스로 망명할 수밖에 없었고 왕정복고가 이루어져 찰스 2세가 왕이 되어서야 다시 영국으로 돌아왔습니다. 그런데 아이러니하게도 《리바이어던》은 출간되자 금서로 지정되기도 하였고 왕당파로부터도 비판받아 홉스는 어려움에 처하기도 했습니다. 홉스가 이 책의 끝에 '회고와 결론'을 쓰면서 통치자가 일단 패배하면 그의 신민은 자유롭게 계약을 체결하여 새로운 통치자를 세울 수 있다고 했기 때문입니다. 왕의 권력이 신으로부터 나오는 것이 아니라 계약으로부터 나온다는 주장이 담긴 것이지요. 이렇게 보면 홉스가 무조건적인 왕당파가 아니라는 게 드러나지요.

2. 로크 - 사유재산을 보호할 계약을 체결하라

홉스가 청교도혁명을 시대 배경으로 하여 사회계약설을 주장했다면, 그보다 조금 늦게 태어난 로크(John Locke, 1632~1704)는 명예혁명과 그 결과물인 권리장전의 시대를 배경으로 《통치론》을 출간하여 사회계약설을 주장한 사람입니다. 로크는 자연 상태에서도 인간은 이성적이고 평화로운 존재였다고 주장합니다. 아마도 계몽주의의 영향을 더 많이 받았던 때문인지 홉스만큼 비관적으로 만인에 대한 만인의 투쟁이 일어난다고 생각하지는 않았고 인간의 이성적인 능력, 공동체 의식 등을 더 높이 평가한 것이지요.

로크에게 가장 중요한 권리는 사유재산권이었습니다. 그중에서도 자신의 노동에 의해 얻게 된 재산에 관한 권리는 왕이 부여한 것이 아니라 신이 부여한 권리라고 강조할 정도로 높이 평가했지요. 사람들은 자연 상태에 있는 것을 노동을 통해 변형시켜서 재산을 형성하게 되었는데, 이렇게 형성된 사유재산을 보호하기 위해 사회계약을 체결한다고 보았지요. 즉, 사람들 간에 권리에 대한 분쟁이 일어날 수도 있기 때문에 이를 해결할 공통된 법률과 공통의 재판관이 필요해서 사회계약을 체결하게 되었다고 합니다.

나아가 로크는 권력은 시민들의 재산을 안전하게 보호하기 위해서만 행사되어야 한다고 주장했습니다. 이처럼 로크가 당시에 생각한 시민은 재산을 가진 자들, 즉 부르주아였으니 이들의 사회계약에 대한 동의란 다름 아닌 재산 보유자들의 동의였습니다. 이들은 당시 영국 인구의 3퍼센트 정도에 불과했다고 합니다.

홉스가 왕당파였듯이 로크는 근대 부르주아계급의 옹호자였을까요? 그런 점이 엿보이는 것도 사실입니다. 하지만 로크의 이와 같은 생각은 개개인의 자기실현과 욕구의 충족이라는 근대 자유주의 정신을 강조한 것으로 볼 수 있습니다. 권력이 정당한지 그 행사가 적정한지 판단하는 문제를 개인의 권리, 특히 사유재산권에서 찾아 그 근거를 제공한 것이라고 평가하기도 합니다.[6] 로크가 당시의 부르주아계급만을 대변한 것은 아니고, 통치권 양도의 논리적 근거로 사유재산권을 내세우는 게 좋겠다고 생각했을 뿐이라는 것이지요. 어느 쪽이 진실에 가까운지는 명확하지 않지만 로크가 홉스와는 확실하게 구별되지요?

로크가 비판한 저술가 로버트 필머는 1680년 출간된 《부권론》이라는 책에서 세상의 왕들은 아담의 직계 상속자로서 하느님으로부터 부여된 통치권을 가진다고 주장하면서 왕당파의 입장을 강력하게 변호했습니다. 로크는 이에 맞서 법률을 만드는 의회의 권리를 옹호하기 위해 1689년 《통치론》을 출간하게 되었다고 합니다. 로크는 다수결의 원리에 따라 의회를 운영하고 개인들의 사적 소유권을 보장하는 법률을 만들어서 자유로운 개인의 자유와 재산, 생명을 보호해야 한다고 주장했습니다.

한편 로크는 통치자에게 통치권 가운데 입법권과 집행권만을 넘겼을 뿐 주권을 전면적으로 양도한 것은 아니라고 주장합니다. 국가가 이런 양도할 수 없는 권리를 침해할 경우에는 저항권도 인정될 수 있다고 말합니다. 다만 지금 돌아보면 로크의 이론은 재산이 전혀 없는 사람, 당시의 빈민이나 농노 등을 고려하지 않은 이론이라는 시대적 한계는 분명히 있다고 하겠습니다.

3. 루소 - 정부는 시민 전체의 권리를 위임받아 법을 집행하라

홉스나 로크와 달리 루소(Jean Jacques Rousseau, 1712~1778)는 주권을 양도한다는 생각 자체에도 반대합니다. 그는 사람들이 그들 자신의 공동체를 만들기 위해 공동체 전체와 개인 사이에 계약을 맺은 것이라고 주장합니다. 더구나 로크처럼 일부의 권리를 양도하는 계약이 아니라 공동체에 자기의 권리를 전면적으로 양도하는 계약이라고 말하지요.

사실 자기를 포함하는 공동체에 양도하는 것이므로 자신이 자기 권리의 주인이라는 의미가 달라지는 것은 아니지요. 그래서 루소의 사회계약은 권력자나 왕과 맺는 복종 계약이나 통치 계약이 아니라 공동체 전체와 그 구성원인 개인이 맺는 결합 계약이라고 불리기도 합니다. 이것을 루소는 본능에서 정의로, 충동에서 의무로, 욕망에서 권리로 전환하는 것이라고 말합니다. 이에 대해 자연적 자유를 포기하고 시민적 자유를 찾는다고도 하지요.

이처럼 공동체에 자기의 권리를 전면적으로 양도한 사람들의 의지가 한데 모여진 것을 루소는 일반 의지라고 하고, 일반 의지에의 복종은 나의 의지에의 복종이기도 합니다. 일반 의지라는 말이 약간 어렵지만 간단하게 공동체 전체의 의지라고 생각하면 됩니다. 이런 일반 의지의 행사가 주권이고 그것은 법으로 나타납니다. 그러므로 법을 정하는 권리는 한 사람이나 몇 사람의 통치자에게 있는 것이 아니라 일반 의지를 구성하는 시민 전체에게 있습니다. '법은 우리 자신의 일반 의지를 기록하는 것'이 되고 '사람들이 법을 지키면 그것은 자신의 의지를 지키는 것'이 되는 것입니다. 정부는 이런 시민으로부터 법의 집행권을 위임받아 담당할 뿐이지요.

이렇게 보면 루소의 생각이야말로 오늘날 우리가 말하는 주권재민, 즉 국민에게 국가의 주권이 있다는 것이라 할 수 있겠지요? 그래서 오늘날 민주공화정의 핵심 이념의 하나인 주권재민은 루소의 사회계약설에 의해 확립되었다고 말할 수 있지요.

4. 법의 이중적 성격이 근대법 탄생에 어떤 작용을 했을까

이렇듯 시민이 국가에 주권을 양도하는 범위나 정도에 대한 정의가 저마다 다르긴 하지만, 이들 세 사람의 사회계약론은 신이나 왕이 주권을 가지고 백성을 다스리는 것이 아니라 시민 개개인이 자신의 권리를 지키기 위해 국가에 일정한 권한을 부여한 것이라는 공통점이 있습니다. 그리고 이렇게 권한을 부여받은 국가가 입법권과 집행권을 가지고 법을 만들고 시행하여 나간다는 것이지요.

사회계약론에 따르면 법은 주권자들이 스스로 권리를 양도하여, 또는 권리를 모아서 세운 국가에 그 권력을 집행하는 도구로서 주어졌습니다. 그리고 누구도 법 이외의 것에 지배되지 않는다는 원칙이 세워졌습니다. 이것이 바로 법치주의라고 할 수 있습니다. 개개인의 권리를 법이 아니면 침해할 수 없게 된 것이지요. 법은 권력을 집행하기 위한 도구라는 측면과, 법에 의하지 아니한 개개인의 권리 침해는 용납하지 않는다는 측면을 모두 지니게 되었습니다.

다시 말하자면 법은 우리의 자유로운 욕망이나 이기심을 사회적인 관계로 억제하고 강제하는 측면이 있는 반면, 다른 사람 혹은 국가 권력이 우리의 자유로운 행동을 마음대로 규제할 수 없게 보장하는 측면도 지닌 것이지요. 여기서 처음에 말한 '법이 있는 세상의 법 없이도 살 사람'이라는 말의 정확한 의미가 나오는 것입니다. '법이 있는 세상'이란 법에 의해 개인의 자유와 권리가 제한될 수 있고, 그런 제한으로 사회적 평화가 유지되는 세상입니다. 이와 대비해 '법 없이도 살 사람'이란 법이 이렇게 사회적 행위의 판단 기준이 되면 개개인은 법을 의식하지 않은 채 자유롭게 살아갈 수 있다는 말이지요.

얼핏 우리는 법과는 아무 상관도 없이 살아가는 것처럼 보이지만 따져보면 우리 자신이 연관되어 있는 법은 상당합니다. 당연하지만 대한민국 국민은 누구나 헌법을 지켜야 하지요. 그리고 여러분이 사는 집은 부동산 관련 법이나 임대차 관련 법에, 여러분의 가족 관계는 가족관계법에, 학교는 교육 관련 법에 연관되어 있지요. 누구든 성인이 되면 주민등록을 해야 하는데 그것은 주민등록에 관한 법에 따른 것이고요, 회사에 취직을 하거나 회사를 차리게 되면 근로기준법 등 노동관계법에 따라야 합니다. 이처럼 법은 우리의 삶과 아주 밀접하게 연결되어 있으며 심지어 개개인의 자유까지도 제한하는 '보이지 않는 손'으로 작용하기도 합니다. 이렇게 오늘날 우리 삶은 근대 이후에 등장한 법치주의의 이념에 따라서 법이 국가와 사회를 규율하는 기준이 되는 속에서 이루어집니다.

그런데 이런 근대의 법치주의란 실은 모든 시민의 인권을 동등하게 보호하고 개인의 자유를 보장하는 민주주의체제와 한 몸이라고 할 수 있습니다. 앞에서 말한 사회계약설이나 권리청원, 권리장전, 프랑스 인권선언 등은 모두 민주주의 실현을 위해 절대 권력과 맞서 싸웠던 시민들의 투쟁이 이루어 낸 성과들이었지요. 법을 만들어서 왕의 권력을 제한하는 것이 첫 번째 단계였습니다. 민주주의를 달성한 시민들은 이후로 헌법에 삼권분립이나 주권재민과 같은 이념을 담고 천부인권과 같은 시민의 기본권을 보장하려는 정신을 담았습니다.

4장

우리나라의 근대법,

그 시작과 왜곡의 역사

1. 우리나라 근대법은 일제 식민지 시대의 산물

《경국대전》으로 대표되는 조선 시대의 법률체계

우리나라는 조선 시대에도 다른 어느 나라와 비교하여 뒤지지 않는 법률체계를 갖추었다고 평가됩니다. 태조 이성계는 즉위하면서부터 법전을 편찬하여 통치할 것을 강조했고 태조 6년에는 《경제육전》을 반포했습니다. 성종 때인 1485년에 반포된 《경국대전》은 《경제육전》과 그 이후 태종과 세종 때 편찬된 법전들을 집대성한 것입니다.

《경국대전》은 나라를 다스리는 큰 법전이라는 뜻대로 관료 제도, 재정·토지·조세 제도, 과거 제도, 교육 제도, 군사 제도, 재판 제도, 도로나 도량형 등 나라를 다스리는 데 필요한 대부분의 내용을 담고자 하였습니다. 고려 시대 말에 권문세족들이 국가의 법 질서를 무시하고 백성들을 착취하던 것을 바로잡고 조선의 건국 이념인 성리학이 지향하던 합리적인 국가 경영의 방침을 법전으로 정리한 것이지요. 또한 중국과 달리 우리 고유의 문화와 풍습을 바탕으로 법 질서를 세우고자 하였습니다. 그러나 이때의 법 질서는 피지배자들이 스스로 뽑은 대표자들에 의하여 구성된 의회 제도를 거친 것은 아니므로 근대 법 질서라고 평가할 수는 없습니다. 지배자인 왕의 지시로 제정된 법에 따라 세워진 법 질서이기 때문입니다.

다른 나라들과 마찬가지로 우리나라도 근대를 맞으면서 우리 스스로의 힘으로 근대 법 질서를 갖추어 나가야 하는 문제에 직면하는 시기가 서서히 찾아올 것이었습니다만, 불행하게도 그런 시기가 다가오기도 전에 우리나라는 일제강점기를 맞게 되었습니다. 우리나라 근대 법 질서가 우리 스스로의 필요에 따라 도입되고 정비된 것이 아니라 일제의 강압에 의해 강제로 이식되어진 것이지요.

허울뿐이었던 일본식 근대적 법 이식

근대법적 법률체계를 갖추지 못하고 있던 우리나라에서는 일제 침략을 맞으면서 우리 고유의 법 질서나 법체계들이 일본법과 조선총독의 명령 등으로 대체되어 버렸습니다. 그 과정에서 우리나라 실정에 맞는 법체계를 세우지 못하고 일본법을 매개로 식민지 체제 유지를 위한 조항들이 들어가 있는 근대법이 만들어지게 되었지요. 예를 들어 조선 시대에도 자유롭게 처분할 수 있고 상속할 수 있는 토지소유권이 《경국대전》에 상세하게 규정되어 있었고 그 소유권을 기록하는 공부(公簿)도 갖추어져 있었습니다. 양안(量案), 수세안(收稅案), 금기(衿記)라고 불리는 장부들은 관청에 보관되어 있었고 개인들은 권리를 이전한 서류들을 보관하고 있어서 소유권에 관한 소송도 심심찮게 벌어졌지요. 이는 우리나라 법이 소유권에 관련한 근대적인 체제를 이미 갖추었음을 뜻하는 것이지요.[7)]

그러나 1912년 일제는 조선 민사령을 만들어서 일본의 민법을 우리나라에도 적용하기로 합니다. 그들은 이미 우리나라에서 시행 중이던 제도들을 모두 무시하고 새로 토지조사사업을 벌어서 일본의 민법에 따라 소유권을 등록하게 하는 등 일본식 체제를 도입하였습니다. 이 과정에서 미처 소유권 등록을 하지 못한 사람들의 재산은 마치 소유자가 없는 재산처럼 취급되어 동양척식회사 소유로 편입되어서 일본인 이주자들에게 싼 값으로 양도되었습니다. 그들 이주민들은 그후 우리나라 사람들을 착취하는 앞잡이가 되었으며, 땅을 빼앗긴 농민들은 우리나라를 떠나 북간도로 이주하기도 했던 것이지요.

만일 우리 스스로 토지소유자 등록제도를 좀 더 근대적인 체제로 바꾸려 하였다면 이미 상세하게 등록되어 있던 공부를 활용하여 토지소유자를 확정하고 미처 공부에 등록되지 않은 변동사항만 추가로 확인하면 되었을 테지요. 그랬다면 억울하게 소유권을 잃는 사람이 생기지도 않았을 것이고요. 그런데 일본은 그들식 토지등록제도를 근대화라는 미명하에 강제로 이식하면서 스스로 등록하지 않은 소유자들의 토지소유권을 사실상 박탈해 버린 것이지요. 일본이 그들 사회의 빈민들을 우리나라의 지주로 만들어서 우리나라 가난한 농민들을 수탈하게 하려는 계획이 반영된 것으로서, 일본식 근대화가 얼마나 겉만 번드르르한 것이었나를 실감 나게 하는 장면 중 하나입니다.

사실 서양에서 근대 이전의 법이 왕과 집권 세력의 이익을 반영해 규율적이고 강제적인 성격을 띠었다면, 근대법은 자연법 정신이 반영된 시민법이었습니다. 그러나 식민지 시대 우리나라에 도입된 일본의 근대법은 프랑스나 영국과 비교해 볼 때 군국주의적 성격이 강한 독일법의 영향을 비교적 많이 받은 것이었습니다. 독일 제국은 시민(부르주아)계급의 성장에 의해 근대화를 이룬 것이 아니라 군국주의적인 성격의 왕과 관료들에 의해 위로부터 근대화를 이루었고, 일본 또한 근대화 과정에서 이런 독일식 제국을 모델로 삼았던 것이지요.

그런 까닭에 일본법에는 자유민주주의 이념이나 삼권분립, 주권재민의 원칙이나 천부인권 등과 같은 시민법적인 측면이 상당히 약했지요. 이렇게 일본 제국의 법 자체가 군국적인 성격을 지녔는데 그것을 모범으로 삼은 데다가 식민지 지배에 필요한 독소 조항까지 도입하였으니, 식민지 시대 우리나라에 도입된 근대법은 시민법 요소가 상당히 결여된 형태일 수밖에 없었답니다. 이런 사정은 일제 식민지에서 벗어나 해방이 된 다음 대한민국 수립과 함께 제정된 우리나라 법에도 어느 정도 영향을 미치게 되지요. 물론 제헌 헌법에는 영미법을 참고해 시민법적 요소가 상당히 반영되었지만 실질적인 실행력을 가진 하위법에서는 일제 잔재가 상당히 남게 됩니다.

2. 왜곡의 대표적인 사례 - 가족법

그중에서도 특히 우리 고유의 전통과 생활 습관을 지키는 데 필요한 가족법은 가장 문제가 심각했습니다. 일제는 조선의 관습을 조사한 다음 이를 식민 통치에 도움이 되는 정도만큼만 왜곡시켜 적용했습니다. 그래서 조선 시대 관습과 일본식 가족법, 서양식 법이 뒤섞여서 어디까지가 전통이고 어디까지가 일본식의 해석이 가미된 부분이며 어디까지가 서양 근대법의 영향을 받은 부분인지 구별이 어려울 정도가 되었습니다. 그런데 대한민국 정부가 출범한 후 제정된 최초의 민법도 일제가 만든 가족법을 크게 고치지 않고 그대로 수용하는 바람에, 어디까지가 우리가 지켜 나가야 할 관습이고 어디까지가 고쳐야 할 관습인지 알 수 없게 되었던 것이지요.

실정이 이렇다 보니 개인의 존엄성과 양성평등을 중요한 이념으로 하고 있는 헌법정신에 반하는 요소가 남아 있게 되었습니다. 그때문에 헌법의 양성평등 정신에 반하는 전통은 유효하지 않다는 여성 단체를 비롯한 시민 사회의 이의 제기가 계속되었습니다. 그리고 그런 의견이 조금씩 받아들여져서 가족법의 일부 조항은 헌법재판소 결정과 그에 따른 국회의 법 개정, 대법원의 관습법 무효 판결 등 여러 절차를 거쳐 조금씩 바뀌어 왔습니다.

그 대표적인 것이 동성동본 금혼 규정이 헌법에 불합치한다는 헌법재판소 결정(1997.7.16.), 호주 제도가 헌법에 불합치한다는 헌법재판소 결정(2005.3.2.), 그리고 여성도 종중 회원 자격이 인정된다는 대법원 판결(2005.7.21.) 등입니다. 조금 자세하게 느껴질지 모르지만 우리 생활과 긴밀히 연관되는 것이니 하나씩 그 이야기를 해 보겠습니다.

동성동본 금혼 규정

우리나라에는 성(姓) 외에도 본관이라는 개념이 있습니다. 본관이란 시조(첫 조상)의 고향을 말합니다. 가령 김해 김씨는 우리나라에서 제일 숫자가 많은 성씨인데요, 이 중 김해는 시조인 김수로왕의 고향을 말하는 것이지요. 여기서 동성동본(同姓同本)이란 성과 본관이 같은 사람들을 말합니다. 동성동본인 사람은 비록 세월이 흘러 가까운 친족은 아닐지라도 같은 혈연이니 그들 사이의 결혼은 조선 시대 이후 금지되어 왔습니다. 고려 시대까지는 심지어 어머니가 다른 친형제 사이에도 결혼하는 등 친족 사이 결혼도 허용했지요. 그런데 유교적 덕목을 중시하는 조선 시대로 오면서 친족끼리 결혼하는 것은 윤리적이지 않다고 보았고, 그 바람에 동성동본끼리 하는 결혼이 법과 관습으로 제한되었지요.

그러나 1997년 7월 16일 헌법재판소에서 이 규정에 대해 헌법 불합치 결정*을 내려 효력을 중지시켰고, 2005년 3월 2일에 이르러서야 국회에서 민법 개정안을 의결함으로써 폐지되었습니다. 그 결과 현

---

* 헌법 불합치 결정이란 어떤 법률이 헌법에 위반되지만 바로 위헌 결정을 내리면 즉시 법의 효력이 정지되어 사회적 혼란이 올 수 있는 경우, 법이 개정되기까지 법조문을 그대로 남겨 둔 채 입법기관이 새로 법을 개정하거나 폐지할 때까지 효력을 중지 또는 잠정적용 하도록 하는 결정을 말한다. 이 결정이 내려지면 국회와 행정부는 헌법재판소가 유예한 기간 동안 해당 법률을 개정해야 한다. 만일 그 기간이 지나도록 개정하지 않으면 그 법률의 효력은 바로 정지된다.

재 우리나라에서는 일정한 범위 내에서의 친족 간에만 혼인을 금지하고 있습니다.**

이렇게 동성동본 금혼 규정이 헌법에 합치하지 않는다고 헌법재판소가 결정한 이유는 동성동본 금혼 규정이 현대에 와서 더는 유지되기 어렵다고 보았기 때문입니다. 충효 정신을 기반으로 한 농경 중심의 가부장적·신분적 계급사회에서는 그것이 사회질서를 유지하기 위한 수단의 하나로서 기능했을 것입니다. 그러나 자유와 평등을 근본이념으로 하고, 양성평등의 관념이 정착되었으며, 경제적으로 고도로 발달한 산업사회인 현대 자유민주주의 사회에서 더는 사회적 타당성과 합리성을 상실했다는 것입니다. 가부장적 대가족에서 핵가족으로 바뀐 시대적 변화에도 맞지 않으며, 무엇보다도 인간으로서의 존엄과 가치를 지키고 행복을 추구할 권리를 규정한 헌법 이념 등에 반한다고 보았기 때문입니다.

호주 제도

이번엔 호주 제도의 경우를 보지요. 호주란 한 집안의 주인이란 뜻이고, 법적으로는 가족 관계를 주인인 호주와 그의 가족이라고 나누기 위한 개념으로 사용되었지요. 그런데 "대를 잇는다"는 말에서 알 수 있듯이 남자가 여자보다 우선적으로 호주가 되며, 집안의 여

** 8촌 이내의 혈족(부모, 자녀, 형제자매, 형제의 자녀, 부모의 형제자매, 그들의 자녀 등 혈연으로 이어져 있는 사람), 6촌 이내의 혈족의 배우자, 배우자의 6촌 이내의 혈족, 배우자의 4촌 이내의 혈족의 배우자인 인척(혼인에 의하여 맺어진 친척) 등 사이의 혼인만 금지되어 있다.

자 어른이 있어도 한 집안의 주인을 남자라고 정해 버리는 제도이기도 합니다. 호주 중심의 가족제도는 헌법재판소의 헌법 불합치 결정(2005.2.3.)과 그에 따른 국회의 민법 개정(2005.3.2.)으로 결국 사라지게 되었습니다. 호주 제도가 우리의 전통이라고 할 수 있는지, 일제의 재해석으로 왜곡된 것이어서 우리의 전통과는 거리가 먼 것인지 그 발생부터 수많은 논의가 있어 왔습니다. 이런 논의를 무릅쓰고 헌법재판소는 호주 제도가 우리의 전통 여부를 떠나서 양성평등과 개인의 존엄을 최고 가치 규범으로 하는 헌법 이념에 맞지 않는다는 이유로 헌법 불합치 결정을 하였습니다.

그 근거로 든 것이 ①오늘날의 가족 관계는 한 사람의 가장과 그에 복속하는 가족으로 분리되는 권위주의적 관계가 아니라, 가족 구성원 모두가 인격을 가진 개인으로서 성별을 떠나 평등하게 존중되는 민주적인 관계로 변화하고 있다는 점, ②가족도 부모와 자녀로 구성되는 가족도 있지만, 재혼 부부와 그들이 재혼하기 전에 낳아서 길러 오던 자녀가 한 가족을 이루는 등 그 형태에서도 다양화되고 있는 점, ③그와 더불어 여성이 가장의 역할을 맡는 비율도 증가하고 있는 추세여서 남성 중심 호주제의 기반이 붕괴되었다고 본 점 등입니다. 이에 따라 오랫동안 사용되어 왔던 남성 호주 중심의 호적부가 사라지고 개인의 신분 관계를 중심으로 신분 관계를 표시하는 가족 관계 등록부가 생기게 되는 변화가 있었지요.

여성의 종중 회원 인정

여성도 종중의 회원 자격이 인정된다! 아마 이 문장 자체가 낯설게 느껴질 것 같군요. 무엇보다 '종중'이라는 단어를 지금 세대는 잘 들어 보지 않았을 테니까요. 우리 전통에는 종중이라는 조직이 있습니다. 같은 성씨이면서 공동 직계 조상을 지닌 자손들이 조상의 제사를 목적으로 모이는 모임이지요. 종중은 다른 모임과는 달리 인위적인 조직 행위가 필요하지 않고 자연발생적으로 성립한다는 특징이 있습니다.

그런데 그동안 대법원은 종중 구성원은 후손 중에 성년 이상 남자만 회원이 될 수 있다고 판단해 왔습니다. 그 이유는 딸은 시집을 가면 남편 집안 제사를 모시게 되므로 종중 회원으로 인정하기 어렵다는 것이었지요. 하지만 요즘은 딸만을 키우는 사람들도 늘어났고 조상을 모시는 문제도 아들들만 할 수 있다는 기존 생각에 많은 변화가 있게 되었지요. 그러자 여성들도 공동 선조의 후손이므로 종중원으로서 자격을 인정해 달라는 요구가 점차 늘기 시작했고 그에 따라 소송이 제기되었습니다.

이런 추세에 맞추어 대법원은 종중 구성원을 성년 이상 남자로만 하는 것은 정당성과 합리성이 부족하다는 판단을 하였습니다. 종중원 자격을 성년 남자로만 제한하고 여성에게 종중원 자격을 부여하지 않는 종래 관습에 대한 법적 확신은 약화되었을 뿐 아니라 그와 같은 관습법은 양성평등의 원칙 등 오늘날 변화된 우리 전체 법 질서에도 부합하지 않는다는 이유이지요. 즉, 여성 후손도 당연히 종중 구성원이 될 수 있다고 본 것입니다.

제사용 재산의 승계 문제

민법 제1008조의 3에는 제사용 재산은 제사를 주재하는 자가 승계한다고 규정하고 있습니다. 그러나 누가 실제로 제사를 주재하는 자가 되는지에 대해서는 아무런 규정을 두고 있지 않아서 그동안 "종손이 있는 경우라면 그가 제사를 주재하는 자의 지위를 유지할 수 없는 특별한 사정이 있는 경우를 제외하고는 그가 된다"라고 판단하여 왔지요.

그런데 2008년 대법원에 한 사건이 접수되었습니다.

집을 나가서 다시 결혼하여(첫 결혼 후 정식으로 이혼한 것은 아니므로 법률상 혼인은 아니었다) 아들들을 낳고 살았던 한 남자가 있었습니다. 이분이 돌아가시자 재혼하여 낳았고 그와 함께 살던 아들이 아버지가 생전에 미리 마련해 놓으신 장지에 장사를 지냈습니다. 첫 결혼에서 낳은 자식인 장남이 뒤늦게 그 사실을 알게 되었습니다. 적자(정식 결혼한 아내가 낳은 아들)인 이 장남은 아버지의 유해는 집안의 선산에 모셔야 한다고 주장하면서 유체 인도 소송을 제기했던 것이지요. 말하자면 아버지가 아무리 재혼하여 아들이 생겼다 하더라도 아버지의 적자는 자신이므로 아버지의 유해는 자기 집안의 것이라는 입장이었습니다. 이런 입장에 따라 아버지가 재혼하여 낳은 다른 (서자) 동생들을 상대로 소송을 제기한 것입니다.

이 사건에 대해 대법원은 단계를 두고 판단했습니다. 먼저 '제사를 주재하는 자'는 무조건 종손이라는 관습은 가족 구성원인 상속인들의 자율적인 의사를 무시하는 것이다. 또 적자와 서자 간에 차별을 두는 것이어서 개인의 존엄과 평등을 기초로 한 변화된 가족제도에 원칙적으로 부합하지 않는다. 이런 이유로 무조건 적자가 아버지의 장사를 지내야 한다는 생각은 더는 관습법으로서 효력을 유지할 수 없다고 했지요. 그러면서 상속인들이 협의하여서 정하여야 한다고 했지요.

그러나 협의가 되지 않을 때에는 어떻게 하는 것이 옳은지 하는 문제가 남게 됩니다. 그래서 그다음 단계에서는 이렇게 판단을 하였습니다. 장남(장남이 이미 사망한 경우에는 장남의 아들)이 제사 주재자가 되고 아들이 없으면 장녀가 제사 주재자가 된다고요. 그 결과 이 사건에서도 장남인 원고에게 유해를 인도하라는 결론이 내려졌지요. 사망한 당사자의 바람보다는 장남을 우선시하는 관습법에 따라서 판결을 내린 것입니다.

이 판결은 여전히 아들이 우선이고 딸은 아들이 없을 경우에만 제사 주재자가 된다. 장남이나 장손에게 제사 주재자의 지위를 우선적으로 부여한다. 라고 판단한 것이어서 양성평등의 원칙이나 가족 구성원의 존엄성 존중 및 평등 원칙에는 반한다는 비판을 받고 있습니다.

가족관계법에서 보았듯이 우리나라 법체계 속에는 아직도 헌법과 서로 모순되거나 오늘날의 변화된 관습이나 의식과는 거리가 있는 조문들이 남아 있습니다. 물론 그 직접적인 원인은 우리가 식민지 시대에 일본을 거쳐 왜곡된 채 들어온 근대법이라는 기성품을 시대의 변화에 맞추어서 제대로 고치지도 않고 입어 버린 데 있지요. 시민단체들의 노력이 없었다면 이나마도 고쳐지지 않은 채 남아 있을 수도 있었겠지요.

우리 자신의 권리를 제대로 지키려면 적어도 사회적 이슈가 되고 있는 법 조항이라도 관심을 가지고 그것이 올바르게 개정될 수 있도록 힘을 보태는 것이 중요함을 시사하는 대목이라 하겠습니다.

5장

현대의 법

– 개개인의 생명과 행복까지 관리한다?

1. 삶과 죽음을 관통하는 국가 권력

국민의 출생, 사망, 건강, 수명을 관리하는 국가

근대적인 시민법의 탄생 과정에서 보았듯이 근대 국가의 권력에 대한 논의는 생살여탈권을 쥐고 있는 절대 권력을 제한하고 시민들이 주권을 찾아가는 문제가 중심이 되었습니다. 형식적인 민주주의가 자리 잡아 갈 무렵 겪게 된 2차 세계대전은 인간의 존엄성은 그 무엇과도 바꿀 수 없는 소중한 가치라는 걸 확인시켜 주었습니다.

이런 과정을 거쳐 자유민주주의의 대략적인 형태가 갖추어진 현대에는 점차 개인의 행복 추구권이나 복지로 문제의 중심이 이동하고 있는 추세이지요. 주권자인 국민들은 자신들이 투표로 선출한 입법부나 행정부에 점차 행복추구권을 좀 더 보장하고 복지가 충분히 갖춰지도록 해 달라는 요구를 하게 되고, 국가로서는 주권자인 국민의 요구를 최대한 수용하려는 노력을 하게 됩니다. 그러다 보니 현대 국가 권력은 생명의 탄생에서 죽음까지 삶의 전 과정에 개입하는 일이 잦아지게 되었지요. 그래서 현대 국가 권력을 생명 관리 권력이라고 말할 수 있을 정도가 되었습니다. 국가가 그 구성원의 출생, 사망, 건강, 수명에까지 개입하여 관리하게 되었기 때문입니다.

이렇게 국가의 총체적인 관리가 강화되면서 언뜻 보면 개인의 존엄성과 권리도 점점 강화되는 것처럼 여겨지지만, 반대로 생각해 보면 위로부터의 생명 관리 권력이 강화됨으로써 개인을 생명 관리 권력의 대상으로 떨어뜨릴 위험도 증대하게 됩니다. 국가 권력이 입법 과정을 통해 실행 도구인 법을 만들고 그 법에 의해 개인을 관리하는 경우 개개인들은 자신들도 모르는 사이에 권력의 관리 대상이 되어 갈 수 있습니다. 국가 권력이 비대해지면서 권력에 대한 사회적 감시 또한 약화되어 가고, 개인이 자신의 삶에 대한 자율권을 잃어 결국 삶의 전 과정이 국가에 의해 관리된다면 그다음의 단계는 어떻게 될지 한번 생각해 볼 필요는 없을까요?

생명을 지켜 주는 것이냐 생명을 관리하는 것이냐

우리나라의 경우도 별반 다르지 않습니다. '요람에서 무덤까지'라는 말처럼 여러 측면의 복지가 실현되고 국가 또는 사회가 개인의 삶의 행복까지도 보장하려고 노력한다는 것은 그동안 복지 문제를 소홀하게 여기고 오직 근대화 또는 산업 발전이라는 명분으로 국민들의 희생을 강요해 왔던 권위주의 정부 시절과는 크게 달라진 모습이라고 할 수 있지요. 그러나 최근 저출산이 중요한 사회 문제로 대두되면서 자녀의 출산부터 양육, 교육의 각 단계마다 관련법이 만들어져서 국민의 출생 과정부터 국가의 관리 대상이 되고, 보육, 교육, 기타 복지 체제가 그물망처럼 짜여 가고 있습니다. 말하자면 국가가 전 국민의 삶의 과정 어디에나 개입하고 있다는 말이지요. 급기야는 죽음의 단계에까지 개입하여, 죽음의 단계에 신입하였으니 생명 장치를 제거하라든지 제거할 수 없다든지 하는 결정마저도 국가가 법을 내세워 행하고 있는 실정이 되었습니다.

법은 어디까지 개인의 삶에 개입해야 하고, 할 수 있는 깃인지는 근대의 법이 미처 생각지 못한 새로운 문제라 할 수 있습니다. 이 문제에 대해서는 이런 현상을 지적하는 단계에 와 있을 뿐 누구도 명쾌한 답을 가지고 있지 않습니다. 현대를 살아가고 있는 우리 모두가 함께 찾아 나가는 단계라고나 할까요.

이 책을 계속 읽어 나가면 실질적인 법치주의는 어디까지 실현 가능한지, 개인들 간의 거래를 규율하는 사법(私法)에도 어느 정도까지 공법(公法)이 개입하는지 등의 문제가 그 역사적인 발전 과정과 함께 계속 다뤄질 것인데요, 이런 과정들을 분석해 보는 과정에서 우리가 나아가야 할 방향을 찾는 방법을 제시하는 것이 이 책의 목적이라고 할 수 있습니다. 그러려면 다음 단계는 근대법이 도달한 지점위 국민의 기본권을 보호하고 민주주의를 지키는 헌법정신을 공부하는 것일 텐데요. 그 전에 우리나라에서 사람의 죽음의 시점을 정하는 데 국가가 개입한 첫 번째 사건이라 할 수 있는 '김 할머니 사건'을 살펴보면서 이 문제를 생각해 볼까요?

2. 과연 개인의 죽음을 국가가 결정하는 것이 맞을까

'김 할머니 사건'이라는 이름으로 크게 알려진 소송 사건이 있습니다. 죽음의 단계에 들어선 김 할머니의 생명 유지 장치를 제거해 달라는 소송이 제기되었던 사건이지요.

당시 76세였던 김 할머니는 기침이 좀 심하게 계속된다고 생각하고 폐암인지 의심이 되어 큰 대학병원으로 갔다. 그런데 병원에서 검사를 받던 중 과다 출혈로 심장 박동이 정지되었다. 의사들은 심장 마사지를 해서 심장 박동이 다시 시작되자 인공호흡기를 부착시키고 김 할머니를 중환자실로 옮겼다. 그때부터 김 할머니는 계속해서 중환자실에서 인공호흡기를 부착한 상태로 항생제 투여, 인공영양 공급, 수액 공급 등의 치료를 받아 왔다. 그런데 김 할머니는 가족들에게 평소 "내가 병원에서 안 좋은 일이 생겨 소생하기 힘들 때 인공호흡기는 끼우지 마라. 기계에 의해 연명하는 것은 바라지 않는다"라고 말해 왔다. 그래서 만일 의사 표시를 할 수 있는 상황이었다면 호흡기를 떼고 싶으셨을 것으로 가족들은 짐작했다.

이런 이유로 김 할머니와 김 할머니의 가족들은 병원과 주치의를 상대로 김 할머니에 대한 인공호흡기를 제거하라는 소송을 제기하였다. 김 할머니는 의식이 없었지만, 가족들이 법원에 김 할머니의 특별 대리인을 정해 달라고 청구하여 소송을 진행하였다. 김 할머니 측은 현재 김 할머니에 대하여 행해지고 있는 치료는 김 할머니의 건강을 증진시키는 것이 아니라 생명 징후만을 단순히 연장시키는 것에 불과하여 의학적으로 의미가 없으며, 김 할머니는 평소 무의미한 생명 연장을 거부하고 자연스러운 사망을 원한다는 의사를 표시해 왔다는 이유로 김 할머니의 연명 치료 중단을 청구하였다. 법원은 1, 2, 3심 모두 김 할머니에게 끼워 둔 인공호흡기를 제거하는 것이 옳다고 판단하였고, 이에 따라 병원은 호흡기를 떼게 되었다.

대법원에서는 의학적으로 환자가 의식의 회복 가능성이 없고, 생명과 관련된 중요한 생체 기능이 상실되어서 회복할 수 없으며, 환자의 신체 상태에 비추어 짧은 시간 내에 사망에 이를 수 있음이 명백한 경우에는 연명 치료 중단이 허용된다고 판결하였습니다. 이때 이루어지는 진료 행위는 원인이 되는 질병의 호전을 목적으로 하는 것이 아니라 질병의 호전을 사실상 포기한 상태에서 오로지 현 상태를 유지하기 위하여 이루어지는 치료에 불과하다고 보았기 때문입니다. 이 판결로 김 할머니는 그 후 인공호흡기 없이 스스로 호흡을 계속하며 200일 동안 생존하다가 돌아가셨습니다.

대법원에서도 많은 논의를 거친 끝에 생명 유지 장치를 제거하기로 결정한 것이지만 왜 병원이나 당사자 개인이 아닌, 국가기관에서 그런 결정을 하게 되었는지를 생각해 볼 필요가 있습니다. 사실 현대 사회에서 법은 때로 개인의 삶에 국가가 지나치게 개입하는 결과를 낳을 수 있지만, 다른 한편으로 보면 국가가 힘이 없거나 돈이 없는 국민들을 돌보는 것은 정당한 행위로 평가될 수도 있습니다.

생명 유지 장치를 달고서 살아가기를 원하지 않았던 김 할머니의 평소 생각을 지켜 주기 위하여 국가가 개입한 것도 마찬가지로 정당한 것이라 평가할 수 있을 터입니다. 그러나 유대인이나 장애가 있거나 병약한 사람들을 학살했던 독일 나치 시대의 사건처럼 국가가 전체 사회에 도움이 안 되는 집단을 멋대로 선정하여 희생을 강요한다면 그것을 그냥 받아들일 수는 없겠지요?

그렇다면 우리는 이런 법의 양면성을 어떻게 조화롭게 국가(사회)와 개인 모두에게 이익이 되는 방향으로 조정할 수 있을까요? 그리고 그 힘이 긍정적으로 잘 발휘되게 하기 위해서 국가와 개인은 어떤 노력을 해야 할까요? 이 문제 역시 어느 한편으로 치우친 답으로는 해결되지 못할지도 모릅니다. 수많은 토론과 협의를 거치면서 가장 합리적인 답을 이끌어 내는 사회적 합의가 절실한 부분이라 할 수 있지요. 토론과 타협을 통해 이끌어 내는 사회적 합의, 이것이 우리가 지켜야 할 단 하나의 기본 원칙일지 모릅니다.

헌법정신과 법 질서

1장

법이 추구하는 가치, 정의

1부에서는 법이 어떤 과정을 거쳐서 근대법의 모습을 갖추게 되었고 현대의 법이 당면한 과제는 무엇인지를 주로 서양사회의 역사를 배경으로 살펴보았습니다. 특히 재미있는 점은 법이 형식적인 모습을 갖추게 되면서 그 형식적인 모습이 위정자 또한 구속하게 되었고, 그것이 결국 민주주의와 개인의 기본권을 확립하는 원동력이 되어 왔다는 것입니다. 법은 일단 제정되면 위정자 또한 구속하게 됩니다. 법의 이런 힘을 법이 가진 형식적 힘이라고 할 수 있습니다. 물론 귀족들이 의회를 만들어 끊임없이 왕의 권력을 제한하려 했고 산업 발달로 인한 시민사회의 성장이 있었기에 왕의 권력을 제한하는 법이 만들어졌던 것이지만요.

이제 2부에서는 법의 내용적인 측면, 즉 형식적인 법에 담긴 실질적인 측면이 근대법의 발전과 더불어 어떻게 발전해 갔는지를 살펴보기로 하겠습니다. 법의 내용적인 측면이란 결국 법이 추구하는 정신, 가치를 살펴보는 것이고, 법은 정의를 추구하는 도구이므로 결국 정의의 내용을 살펴보는 것이 되겠습니다.

근대의 법은 왕이나 종교 권력으로부터 귀족이나 자유민의 권리를 보장하는 방법으로 발전하여 왔습니다. '형식적 법'이 왕이나 종교 권력의 한계를 명백하게 정해 주었으므로 법에서 정해진 영역 이외에 법에서 정해지지 않은 영역에서는 새로운 질서가 형성될 여지가 많아졌습니다. 형식적 법이 있다는 것이 권력 실현의 도구로도 작용하지만 그 실현의 한계로도 작용한 것입니다.

권력 실현에 한계가 있다는 생각은 법의 내용 면에도 영향을 미치게 되어 모든 사람이 같은 법을 적용받는다는 생각은 결국 귀족이나 자유민, 노예 등의 구분이 없어지고 모든 사람이 평등하다는 사상으로 발전되었습니다. 이런 내용의 면을 '실질적 법'이라고 할 수 있습니다. 내용 측면과 형식 측면이 서로 일치하면서 근대법이 확고히 자리 잡게 된 것이지요. 법은 정의를 실현하는 수단이라거나 정의를 실현하기 위한 기준을 세우는 것이라고 말할 때의 법은 형식적인 법은 물론 실질적인 법도 포함하는 개념이어야 합니다. 형식적인 법이 있다는 것만으로는 충분하지 않고 법이 실제로 정의를 실현하기 위한 수단이 되어야 하기 때문입니다.

이렇게 본다면 정의를 실현하기 위해서는 그 실현에 적합한 법이 있어야 합니다. 정의를 실현하는 데 적합한 법이란 정의로운 법이겠지요. 그럼 정의로운 법이 무엇인지를 찾아내면 문제는 쉽게 해결될 것 같습니다. 법과 정의는 이렇게 불가분의 관계에 있습니다만, 문제는 정의가 무엇인지에 대한 생각들이 제각각이라는 데 있습니다.

1. 법과 정의의 관계

정의에 대한 이야기에 본격적으로 들어가기 전에 법이 사라지거나 법이 정의롭지 못할 경우 어떤 일이 생겨나는지를 다룬 두 개의 소설을 소개하겠습니다. 현실적으로 법이 정의롭지 못할 때 일어나는 현상에 대한 사례로는 2차 세계대전을 일으킨 히틀러나 무솔리니, 또 러시아혁명 이후의 소련을 전체주의 사회로 만든 스탈린 등에 의한 파시즘의 횡행을 들 수 있습니다. 지금 소개할 두 개의 소설은 현실의 파시즘 상황을 섬이나 농장이라는 매우 한정된 공간으로 가져와서 좀 더 단순화한 것들입니다.

그 첫 번째는 윌리엄 골딩의 소설 《파리대왕》이고요, 두 번째는 여러분도 익히 알고 있을 조지 오웰의 소설 《동물농장》입니다. 《파리대왕》은 1954년 발표되어 1983년 윌리엄 골딩에게 노벨문학상을 받게 해 준 작품입니다. 2차 세계대전을 겪으면서 사람들이 세우고 가꾸어 온 문명세계가 허망하게 무너지는 것을 목격한 작가가 이를 한 무리의 소년들이 살아가는 섬이라는 작은 공간을 무대로 하여 표현한 것이지요. '파리대왕'이라는 제목이 생소할 수도 있겠는데요, 히브리어 '베엘제붑'에서 유래한 것이라고 해요. 파리의 왕이라는 뜻인데 악령이거나 악령을 옮기는 역할을 하는 존재로 믿었다고 합니다. 그것은 거대한 파리의 모습으로 묘사되었다고 하죠. 작가가 파리대왕이라고 제목을 붙인 것은 인간 본성의 악마성을 암시하기 위한 것이라고 합니다. 책에서는 한 소년이 환상 속에서 파리대왕과 이야기를 나누는데요, 파리대왕은 "넌 그것을 알고 있었지? 내가 너희들의 일부분이란 것을. 아주 가깝고 가까운 일부분이란 말이야"라고 말하는 장면이 나오기도 합니다.

《동물농장》은 1945년에 출판되었는데요, 스탈린이 지배하던 소련에 대한 노골적인 풍자를 하는 소설입니다. 그러나 두 소설의 이런 작품 배경을 접어놓고 보더라도 법이나 규칙이 어떤 식으로 작동하고 작동하지 않게 되는지를 두 소설은 잘 보여 줍니다.

법이 사라진 세상 - 파리대왕

《파리대왕》[1]은 법이 사라지는 세상을 다루고 있습니다. 줄거리는 이렇습니다.

비행기로 어딘가로 향하던 한 무리의 영국 소년들이 비행기 고장으로 갑자기 무인도에 떨어진다. 폭풍은 추락한 비행기도 바다로 몰아가 버렸다. 5세에서 12세의 소년들만이 남은 무인도. 질서도 없고, 삶의 방편도 알 수 없고, 그들을 무인도에서 벗어나게 해 줄 구조 요청이 시급한 이곳. 처음에 소년들은 함께 모여 지도자를 선출했다. 또 소라를 발언권을 의미하는 것으로 정하고, 소라를 든 소년에게 발언권을 주는 규칙을 정했다.

이 섬에 사람이 살고 있는 것을 멀리에까지 알리려면 불을 피워 두는 것이 좋겠다고 생각해서 구조 요청을 위한 불을 피우고, 그것을 관리할 당번을 정했다. 무언가 질서가 잡힌 날들이었다.

그러나 이런 안정된 시간이 흐르자, 어느 순간부터 섬은 점차 혼란 상태에 빠진다. 불을 피워 두는 것을 소홀히 하여 수평선에 배가 지나가는데도 구조신호를 보내지 못했다. 누군가 소라를 들고 의견을 말하려 하지만, 아무도 주목하지 않아 그의 발언은 무시되었다. 급기야는 지도자를 중심으로 한 공동체 전체 질서에도 금이 간다. 처음 지도자로 선출된 랠프와 그를 따르는 무리에 대항하여 질서에 반하는 새로운 패거리가 위협적으로 나타난 것이다. 이윽고 랠프와 몇 명의 소년들만이 해변가에 남고 나머지 소년들은 잭이라는 소년이 이끄는 사냥패에 가담한다. 랠프가 문명과 질서를 상징한다면, 잭은 야만과 폭력을 의미한다.

섬은 이렇게 두 쪽으로 쪼개지고, 잭 패거리들의 힘은 점점 더 커진다. 마침내 잭 패거리들이 랠프 쪽에 남은 사이먼과 돼지(별명임)를 살해하고 랠프만이 혼자 남게 되자, 랠프는 그들에게 쫓기는 신세가 된다. 랠프가 그들을 피해 덩굴에 몸을 숨겼는데, 이를 알아챈 잭 패거리들이 덩굴에서 랠프를 몰아내려고 불을 지른다. 그런데⋯

상황은 의도와 달리 전개된다. 그들이 지른 불이 섬 전체로 퍼지게 되었고, 그 연기를 멀리서 본 영국 해군이 섬으로 다가와 소년들은 무사히 구조되어 무인도에서 벗어난다.

우리 주제와 관련해 이야기하려는 장면은 아직 섬이 랠프와 잭의

패거리들로 갈라지기 전에 시작합니다. 지도자로 선출된 랠프는 소라를 불어 회합을 소집하고 이런저런 규칙을 정합니다. 예컨대, 강물을 직접 마시기보다는 폭포수가 떨어지고 있는 웅덩이의 물을 마시되 물을 야자열매 껍질로 길어다 둔다, 과일을 따 먹는 곳을 더럽히지 않으며 모래사장을 거쳐 가면 있는 바위께를 변소로 삼는다, 봉화를 꺼뜨리지 않도록 하고 섬을 불바다로 만들지 않도록 불 피우는 장소는 제한한다, 이런 것들이었지요. 그러나 잭의 도발로 회합은 무질서하게 끝나 버리지요. 돼지가 흩어져 가는 소년들을 다시 모으기 위해 랠프에게 소라를 불라고 했지만 랠프는 회의적입니다. 자신이 소라를 분다 한들 그들이 다시 돌아오지 않으면 소용없다고, 봉화를 계속 피워 올리지도 못할 테고, 그럼 모두 동물이나 마찬가지가 될 거라고요. 구조도 가망도 없어진다고 생각하죠. 그는 소라를 부는 소리에 맞춰 질서가 찾아지기는 어려운 무법의 상황이 다가왔음을 감지한 것입니다.

한편 랠프와 갈라선 잭은 성채바위 쪽에 본거지를 두고 폭력과 공포로 소년들을 다스립니다. 그리고 밤에 랠프 쪽의 오두막으로 와 불을 피우는 데 꼭 필요한 돼지의 안경을 훔쳐가 버리지요. 다음 날 랠프와 돼지는 안경을 찾으러 잭의 무리 쪽으로 갑니다. 돼지가 소라를 들고 잭의 패거리를 향해 말합니다. "너희들은 마치 한 패의 어린아이들처럼 구는구나. 뭐가 나을까? 얼굴에 색칠한 검둥이처럼 구는 게 나을까, 랠프처럼 지각 있게 행동하는 게 나을까? 규칙을 지키며 합심해서 사는 게 낫겠어, 사냥이나 하며 사는 게 낫겠어? 뭐가 더 좋겠

냔 말이야?" 그러나 돌아온 답은 돼지를 겨냥해 굴러온 커다란 바위였습니다. 결국 돼지는 신음소리를 낼 틈도 없이 공중으로 치솟았다 떨어지면서 죽습니다. 그리고 돼지가 들고 있던 소라는 산산조각 박살이 나 버리지요. 그러자 갑자기 잭은 이렇게 외칩니다. "너한텐 이제 부하도 없어! 소라도 없지. 이제 내가 대장이야." 그러곤 그는 살의를 품고 랠프에게 창을 던지지요.

여기서 소라는 법의 상징이라고 할 수 있습니다. 비록 잭은 랠프의 권위를 부정하고 소년들을 이끌고 성채바위 쪽으로 갔을지라도 소라가 상징하는 질서, 규칙, 문명 세계에 대한 일말의 경외심은 가지고 있었습니다. 그러나 소라가 깨어지는 순간, 소라가 상징하던 세계의 무게도 한꺼번에 내동댕이쳐지는 모습이 되지요. 그리고 이후에 남은 세계는 랠프를 사냥감으로 삼은 무자비한 몰이와 섬을 불태운 화재로 나타납니다. 만일 제때에 해군이 섬에 들이닥치지 않았다면 섬에 남은 소년들은 어떻게 되었을지 한번 상상해 보세요.

이어서 소개할 《동물농장》이 바로 그다음의 얘기를 하고 있는 것도 같습니다.

인간과 돼지, 누가 누군지 분간할 수 없게 된 이야기 - 동물농장
《동물농장》[2]은 다들 잘 아는 얘기지만 기억을 되살려 줄거리를 같이 볼까요?

이곳은 존스 씨의 장원농장. 인간의 지배에 반기를 들어야겠다고 마음먹은 수퇘지 메이저 영감이 농장의 동물들을 모아 놓고 연설을 시작한다. 인간이란 종족을 몰아내고 동물들끼리 자유와 풍요를 누리는 농장을 만들어 보자는 것. 무엇보다도 동물들은 절대로 서로를 다스리려 해서는 안 되고, 어떤 동물도 다른 동물을 죽여서는 안 되며, 모든 동물은 평등하다고 말한다. 그러고는 〈영국의 동물들〉이라는 노래를 가르치며 동물들이 모두 해방되어 자유를 누릴 날들을 함께 노래한다.

그런데 메이저 영감은 생을 마감한다. 그가 죽은 뒤의 장원농장. 세 마리의 수퇘지가 나서서 메이저 영감의 가르침을 치밀한 사상체계로 꾸며 놓은 다음 '동물주의'라 이름 붙여서 이를 전파한다. 마침내 그들은 메이저 영감의 사상을 실행에 옮기게 되는데, 인간인 존스 씨와 일꾼들을 농장에서 몰아내고 농장을 차지한다. 세 마리의 수퇘지는 농장의 이름을 '동물농장'으로 바꾸고 헛간의 벽 위에 동물 칠계명을 30미터쯤 떨어진 곳에서도 읽을 수 있도록 크게 써 놓는다.

- 두 다리로 걷는 것은 누구든 적이다.
- 네 다리로 걷거나 날개가 있는 것은 누구든 친구다.
- 어떤 동물도 인간의 옷을 입어서는 안 된다.
- 어떤 동물도 인간의 침대에서 잠을 자서는 안 된다.
- 어떤 동물도 술을 마셔서는 안 된다.
- 어떤 동물도 다른 동물을 죽여서는 안 된다.
- 모든 동물은 다 평등하다.

여기까지가 동물들이 자신들을 지배하는 인간을 몰아내고 그들만의 평등한 세상을 만들어 간 소설의 전반부입니다. 하지만 이 평화로운 세상은 계속되지 않습니다. 왜일까요? 이제부터가 소설의 새로운 국면입니다.

수퇘지들 사이에서는 갈등이 생깁니다. 풍차를 건설하자는 스노볼과 스노볼의 계획에는 모두 반대하는 나폴레옹 사이에 다툼이 입니다. 이 둘의 싸움에서 결국 나폴레옹이 스노볼을 폭력으로 쫓아내고 그가 농장의 주인 행세를 합니다. 이제 동물농장은 나폴레옹의 지시대로 움직입니다. 그의 명령에 따라 동물들은 더욱 노예처럼 일하는데도 수확량은 줍니다. 그러자 나폴레옹은 더욱더 폭압적인 정치를 합니다. 끝없는 악순환의 상황이지요. 그러는 한편 나폴레옹은 인간들과 교류를 시작합니다. 뿐만 아니라 스스로 존스 씨의 침대에서 잠을 자는 등 인간의 삶을 닮아 가는 모습을 보이지요.

이에 따라 헛간에 써진 동물 칠계명은 조금씩 변형되는데요, 예를 들어 네 번째 계명은 "어떤 동물도 인간의 침대에서 이불을 덮고 잠을 자서는 안 된다"라고 어느새 고쳐져 있습니다. 메이저 영감이 만든 〈영국의 동물들〉은 금지곡이 되고 다른 노래가 만들어졌습니다. "동물농장, 동물농장, 나를 따르는 이 아무 근심이 없네!" 동물들은 매주 일요일 아침에 깃발을 올리고 이 노래를 불러야 했지요. 어느 날 동물 칠계명 중 다섯 번째 계명은 조용히 "어떤 동물도 술을 지나치게 마셔서는 안 된다"로 바뀌었고, 나폴레옹을 비롯한 지배자 돼지들은 두 다리로 걷기 시작했지요.

결국 동물 칠계명은 모두 지워지고 "모든 동물은 평등하다. 그렇지만 어떤 동물들은 다른 동물들보다 더 평등하다"라는 하나의 계명만이 적혀서 남아 있게 됩니다. 농장의 이름은 다시 장원농장으로 바뀌었고 나폴레옹은 인간들을 초대하여 파티를 열고 인간들과 함께 카드놀이를 합니다. 소설은 이렇게 끝이 납니다. "창밖에서 지켜보던 동물들은 돼지에서 인간으로, 인간에서 돼지로, 다시 돼지에서 인간으로 시선을 돌렸다. 하지만 이미 누가 누군지 좀처럼 알아볼 수가 없었다."

법이 정의롭지 않을 때

다시 《파리대왕》으로 돌아가 보지요. 《파리대왕》은 법이 사라진 세계를 지배하는 것은 공포심을 이용한 폭압임을 묘사하고 있습니다. 소설에 이런 장면이 있습니다. 먼저 한 꼬마가 바다에서 올라오는 정체 모를 짐승에 대해 공포스럽게 생각합니다. 그걸 함께 본 소년들은 그 짐승이 유령일 수도 있다고 생각하고 우왕좌왕하였고, 랠프가 소집한 모임은 그대로 끝나 버리지요. 그런 일이 있은 뒤 낙하산병이 죽은 채로 발견되었습니다. 소년들은 제대로 확인도 안 하고서 바람에 제멋대로 부풀려지는 낙하산과 그에 따라 움직이는 낙하산병의 시신을 무서운 짐승이라고 생각합니다. 그 전에 유령이 아닐까 의심했던 그 짐승이라고요. 그러면서 소년들 사이에는 공포심이 크게 자라게 되지요.

이런 혼돈의 상황을 활용하는 잭. 그는 멧돼지 사냥을 하고 잔치를 벌입니다. 소년들은 잭과 함께 얼굴에 붉은색, 흰색, 초록색 칠을 하고 춤을 추며 원을 그리고 돕니다. 그때 랠프의 편에 있던 사이먼이 산에서 내려와 그 짐승이 실은 사람의 시신이라는 것을 알려 주려고 그 틈에 들어갔지요. 잔치를 하며 한껏 흥에 겨운 소년들은 함성을 지르며 사이먼을 죽을 때까지 밟고 물어뜯고 할큅니다. 뭔가 잘못된 것 같다는 생각을 하게 된 소년들. 하지만 이미 늦었지요. 그들은 자신들의 행동을 변명할 구실을 찾습니다. 사이먼은 사이먼이 아니라 짐승이 변장해서 온 것이라고요. 그러면서 잭의 지휘 아래 성채바위 쪽으로 가서 변장한 짐승이 들어오지 못하도록 감시하고, 침입자가 나타나면 지렛대를 이용해서 굴릴 수 있는 바위를 통로에 설치합니다. 이 바위가 나중에 돼지를 죽이는 데 사용되었던 거지요. 결국법을 무시하고, 공포를 불러일으키고, 폭력으로 세계를 지배하는 순서대로 일이 진행되어 간 것입니다.

《동물농장》에서는 폭압이 진행되어 감에 따라 법이 조금씩 바뀌는 모습을 보여 줍니다. 동물농장에서도 나폴레옹은 공포심을 조성합니다. 공포심의 대상은 사라진 스노볼입니다. 스노볼이 사라진 뒤 나폴레옹은 그동안 자신이 반대해 오던 풍차 건설 사업을 그럴듯한 명분을 내세워 재개하는데요, 어느 날 돌풍이 거세게 불어서 거의 완성 중이던 풍차가 박살이 납니다. 동물들이 모두 슬픔에 잠긴 채 박살이 난 풍차를 바라보고 있자 나폴레옹은 한밤중에 몰래 풍차를 박살 낸 자는 스노볼이라고 조용히 말합니다. 이어서 스노볼에게 사형선고를 내리고, 누구든 스노볼을 산 채로 잡아오면 사과 한 자루를 내리겠다고 선언합니다.

또 나폴레옹은 혹독한 겨울이 닥쳐와 식량이 부족해지자 암탉들에게 달걀을 바치라고 합니다. 이를 바깥에 내다 팔아서 곡식이며 식량을 사들이자는 것입니다. 암탉들은 봄에 병아리를 까기 위해서는 알을 품어야 하므로 달걀을 빼앗길 수는 없다고 따집니다. 그러면서 나폴레옹의 계획을 막으려고 서까래 위에서 알을 낳아 바닥으로 떨어지게 하였습니다. 일종의 사보타지*였던 거지요. 격분한 나폴레옹은 암탉들에게 배급을 중단시키고 개들에게 누가 그 명령을 어기는지 감시하게 하였습니다. 암탉들은 닷새를 버틴 다음 항복하였고 달걀은 약속대로 식료품점으로 넘겨졌지요. 반란을 주도했던 암탉 세 마리는 거대한 개 아홉 마리가 나폴레옹 주위를 뛰어다니는 농장 마당에서 스노볼이 꿈속에 나타나 반란을 지시했다고 자백했습니다. 암탉들은 그 자리에서 사형되었지요. 마찬가지로 그동안 나폴레옹에게 크고 작은 반항을 했던 동물들이 하나씩 나와서 그 모든 일들은 스노볼이 시킨 것이라고 자백합니다. 그리고 그 자리에서 죽임을 당했고요. 며칠이 지나자 헛간 벽에 써진 여섯 번째 계명은 "어떤 동물도 다른 동물을 죽여서는 안 된다"에서 "어떤 동물도 다른 동물을 이유 없이 죽여서는 안 된다"라고 바뀌어 있습니다.

《파리대왕》에서처럼 법이 사라진 세계를 지배하던 세력은 공포심

---

* 노동자가 고용자에 대해 적극적으로 생산, 사무활동을 방해하거나 원자재나 생산시설을 파괴하는 행위 등을 포함하는, 넓은 의미의 태업.

을 조장하여 자리를 잡은 후 법을 등장시키고, 또 그 법을 내세워 지배권을 강화합니다. 또는《동물농장》처럼 처음부터 법이 있었다면 조금씩 그 법을 지배자들에게 유리하게 고쳐서 지배권을 확고하게 지켜 나가겠지요. 형식적으로 법이 존재하기는 하더라도 정의를 실현하는 데 필요한 정당한 법이 없다면 결국 동물농장의 꼴이 나게 되고 말 것입니다. 조지 오웰은 이런 전체주의 사회를 우화적 형식으로 그린 것입니다. 그렇다면 무엇이 정의인지가 더욱 궁금해질 것입니다. 정의가 무엇인지가 확실하면 그 정의를 기준으로 한, 또 그 정의를 실현하기 위한 법을 만들고 유지하는 것도 힘들지 않을 테니까요.

2. 정의의 개념은 어떻게 바뀌어 왔을까

형식적 법이 왕의 권력을 극대화하던 도구에서 차츰 왕의 권력까지도 규제하는 수단으로 발전하였고, 드디어 시민의 권리 보장, 인권 사상과 결합하여 근대법으로 발전해 왔다는 것을 앞 장에서 충분히 설명하였지요? 그와 마찬가지로 실질적 법이 정당한 법이 되기 위한 기준이 될 정의의 역사도 다양한 모습으로 변해 왔습니다. 다만 우리의 법이 서양의 근대법을 이어받은 이상 법의 내용을 얘기하면서도 동양의 정의론이 아니라 서양의 정의론을 끌어다 설명하는 것이 아쉽기는 합니다. 아무튼 서양의 정의론을 중심으로 정의라는 개념을 역사적으로 어떻게 보아 왔는지 살펴보도록 하지요.

세상에서 가장 오래되었다는 법전 중의 하나인 함무라비법전은 앞에서도 설명했다시피 보복적인 정의를 선언하였습니다. 당시는 엄격한 계급사회였고 모든 사람은 평등하다는 개념이 없었으므로 신분이 높은 사람들의 권리를 침해하는 사람은 특별히 더 가혹하게 처벌한다는 원칙을 가지고 있었습니다. 보복적인 정의라 해도 그 보복의 정도가 신분에 따라 달랐던 거지요. 예를 들어 제6조는 '신전이나 궁전의 재산을 훔치는 자는 사형에 처한다. 그 장물을 받는 자 역시 사형에 처한다'라고 정하고 있고, 1부에서 보았듯이 제8조는 '사람이 소나 양이나 나귀나 돼지를 훔쳤는데 그게 만약 신전이나 궁전의 것이면 30배를 물고 천민의 것이면 10배를 물어야 한다. 만약 도둑이 그렇게 할 능력이 없으면 그를 사형에 처한다'라고 한 것을 보아도 알 수 있습니다.[3] 말하자면 법이 최초로 탄생한 시기에는 법이라는 형식은 있으나 엄격한 계급사회를 유지하기 위한 규율로서 존재한다는 것을 함무라비법전이 상징적으로 보여 주고 있습니다.

그렇다면 이후로 인류 역사가 진행되면서 법에 담긴 내용, 즉 정의를 바라보고 이해하고 적용하는 기준은 어떤 식으로 변화되었을지 궁금해지네요. 먼저 고대 그리스 시대의 정의관으로 가 보지요. 그리스 시대에도 플라톤이 나타나기까지는 함무라비법전의 정신과 별다르지 않은 정의관을 가지고 있었습니다. 대체로 계급을 강조하고 동등한 계급 사이에서는 동등한 보복을, 다른 계급 사이에서는 커다란 차이를 둔 보복을 당연하게 여겨 왔습니다. 그러나 그리스 사회가 상업사회로 성공하게 되면서 정의의 역사는 커다란 변화를 맞게 되지요.

그리스 시대 - 플라톤의 정의

플라톤이 나타나기까지의 정의관은 대체로 정의는 친구들에게 혜택을 주고 적들에겐 해악을 입히는 것이라는 세속적인 이해관계와 관련되어 있었습니다. 동등한 사람들 사이에서는 혜택은 혜택으로, 손해는 손해로 갚는 것이라는 생각이었지요. 권력이 비슷한 사람들이 아닌 신분 차이가 나는 사람들 간에는 신분에 따르는 역할에 따라 부여된 권리와 의무를 판단할 따름이었습니다.

반면 플라톤[4]은 세속적인 이해관계의 문제에는 관심이 없었습니다. 정의는 '국가와 재능 있는 개인이 열망해야 할, 신성하고 자연스러운 질서'라고 보았습니다. 정의의 목표는 '도시 안에 그리고 주민의 영혼 안에 어떤 질서를, 이상적인 형태의 정의와 조화를 이룰 질서를 배양하는 것'이라고 보았습니다.

시인을 추방하고 철학자가 다스린다는 플라톤의 이상도시 칼리폴리스는 3개의 주요 계급으로 구성되어 있습니다. 통치계급, 군인계급, 생산자계급이 그것입니다. 그리고 정의는 다른 시민들의 일이나 다른 계급들의 일에 간섭하지 않고 각기 자신의 일에 열중하는 것이라고 보았습니다. 그리고 이러한 정의를 달성하는 수단은 명령과 복종이며, 이를 위해 강제력을 동원하는 것은 가능하다고 합니다. 전체의 질서를 위해서라면 가족제도와 사유재산의 폐지까지도 제안하고 있습니다. 그러니까 플라톤이 중요하게 생각한 것은 모든 사람이 자신이 처한 위치에서 그 자신의 역할에 충실하여 국가 전체의 질서를 완성하는 것이었지요.

플라톤이 정의 개념을 세속적 이해관계와 무관하게 주장한 이유가 있습니다. 아테네가 강력한 상업국가로 성장하였으므로 더는 전쟁에서 혁혁한 공을 세운 전사들의 미덕과 이를 토대로 한 이해관계의 배분으로는 아테네의 가치를 세울 수 없었기 때문입니다. 전사 영웅의 이상을 철학자 영웅의 이상으로 대체하려는 의도였다는 거지요.

그리스 시대 - 아리스토텔레스의 정의

아리스토텔레스[5]는 플라톤이 관심을 가지지 않았던 보복적인 정의에 다시 주목합니다. 플라톤이 정치공동체를 계급이 다른 사람들의 집합으로 본 것과 달리 아리스토텔레스는 상대적으로 대등한 사람들의 공동체로 보았습니다. 때문에 플라톤이 정의를 명령과 복종의 관계 위에 세운 것과 달리 그는 상호성의 관계를 통해서 연합하는 것이라고 보았습니다. 여기서 상호성이란 비슷한 것끼리의 교환, 가치가 동등한 것끼리의 교환을 말합니다.[6]

그러나 아리스토텔레스는 공동체를 상대적으로 동등한 사람들과 동등하지 않은 사람들로 나누면서 동등한 사람들 사이의 관계에서만 정의의 개념이 적용되며, 동등하지 않은 사람들 간의 관계는 명령과 복종의 성격을 띠고 있다고 보고 있어서 여전히 그리스 시민세계 내에서의 정의만을 염두에 두고 있습니다. 상호성의 관계를 통해 정의의 개념을 설명했다는 점에서 아리스토텔레스가 주장한 정의는 플라톤의 그것과는 다르다는 생각이 듭니다. 그렇지만, 여전히 서로 다른 계급의 사람들 사이에서는 평등이 아닌 명령과 복종 관계를 전제로 하고 있습니다.

　이런 전제하에서 아리스토텔레스는 완전한(보편적) 정의와 부분적 (구체적) 정의를 나눕니다. 완전한 정의는 '공동체의 법이 규정하는 규범 전체'를 말하며 공동체의 법을 모두 지키는 것이 곧 정의라고 합니다. 정치공동체의 전체 구성원들이 훌륭한 삶을 살아가도록 하는 미덕이라고도 설명됩니다. 그러므로 이 개념은 우리가 지금 여기에서 법이 추구하는 가치로서 다루는 정의와는 그 성격을 달리합니다. 우리가 궁금한 것은 아리스토텔레스가 말한 부분적 정의와 관련됩니다. 부분적 정의는 개인들이 받거나 짊어져야 하는 이득이나 부담과 관련된 정의입니다.

　아리스토텔레스는 부분적 정의를 다시 분배적(배분적) 정의와 교정적(시정적) 정의로 나누었습니다. 먼저 분배적 정의란 명예와 부를 시민들 간에 어떻게 분배할 것인지의 문제입니다. 아리스토텔레스는 산술적으로 동등한 가치의 교환이라고 보는 상호성에서 한발 더 나아가 비례를 고려한 상호성을 주장합니다. 만약 두 사람이 동등하다면 그들의 몫이 같아야 공정한 분배가 이루어집니다. 그러나 그 사람들이 동등하지 않다면 산술적 평등만으로는 공정하지 못하게 됩니다. 이때 아리스토텔레스는 당사자의 기여도를 비교하여 분배를 해야 공정하다고 합니다. '각자에게 그의 몫을'이라는 것이지요. 다만 그 기여도를 어떤 기준으로 정할 것인지에 대해서 제대로 설명해 두지는 않았습니다. 정치적 과정을 통해 마련될 문제라고 보았던 것이지요. 물론 이때 여자와 아이들과 노예는 고려의 대상이 아니라는 점은 앞에서 설명한 대로입니다. 상대적으로 동등한 사람들과의 사이에서만 적용되는 개념이기 때문입니다.

교정적 정의는 사적인 거래에 적용되는 정의 개념입니다. 분배적 정의가 명예나 재화 등을 배분하는 책임을 진 사람이 지켜야 할 법칙이라면, 교정적 정의는 판사나 중재인 등이 지켜야 할 법칙입니다. 즉, 교정적 정의는 어떤 불공평한 일이 생겼을 때 이를 회복하는 것과 관련된 정의입니다. 예를 들어 민사상 손해가 생기면 그 손해와 같은 금액을 배상하게 한다든지, 범죄를 저지르면 그에 상응하는 형벌을 받게 한다든지 하는 것입니다. 당시에는 불법행위에 대한 민사상 손해배상과 형사상 처벌의 구분이 없었으므로 아리스토텔레스는 가해자에게 가할 손상이나 처벌을 그 가해자가 피해자에게 입힌 손실이나 상해와 산술적으로 비례하도록 하면 된다고 생각했습니다.

아리스토텔레스의 정의의 원칙은 이후 서양의 정의 개념 형성에 큰 영향력을 미쳤으며, 그의 분배적 정의 원칙은 현재까지도 그 원칙적인 정당성을 인정받고 있습니다. 그러나 사회 구성원들이 모두 동등하지는 않다는 아리스토텔레스 이론은 중세기독교 시대를 거쳐 계몽주의 시대로 오면서 비판을 받게 됩니다. 사회계약설을 주장한 홉스는 국가는 구성원들의 동의가 바탕이 되어야 하는데 구성원들이 동등하지 않다면 정치적 질서와 항구적 평화를 이룰 동의를 끌어내기가 불가능하다고 생각하여 아리스토텔레스의 이론을 비판하였습니다.[7]

2장에서 우리는 이런 그리스 시대의 정의 개념이 근대 이후로 어떻게 변화되고 세분화되었는지에 대해 살펴볼 것입니다. 다양한 정의관과 그것들이 우선시하는 덕목이 무엇인지를 살펴보면서 과연 정해진 하나의 정의 개념이 가능한지, 만약 불가능하다면 지금 우리에게 맞는 정의는 무엇인지에 대해 조금 더 구체적으로 살펴보도록 하지요.

2장

다양한 정의관

서양사회에서 정의에 관한 논의는 중세기독교 질서를 거치면서 주춤하였다가, 계몽주의 사상을 거치면서 다시 심화됩니다. 그중 정의의 원리와 관련해 가장 유명한 이론 중 하나가 공리주의에서 주장하는 정의 이론입니다.

1. 공리주의적 정의관

최대다수의 최대행복

공리주의적 정의관은 '최대다수의 최대행복'이라는 목적을 사회제도가 추구해야 할 목적으로 설정하고 이러한 목적을 가장 잘 달성할 수 있는 것을 정의라고 보는 것입니다. 필요성(유용성)이 정의로움을 판단하는 기준이 된다고 보는 것이지요. 이 이론은 제레미 벤담(Jeremy Bentham, 1748~1832)이 체계적으로 정리하였습니다.

벤담은 이 사회는 인간의 관습들이 쌓여서 이루어진 것이므로 사람들의 행복을 증진시키기 위해 새로 고쳐 나가야 한다고 생각했습니다. "문명화된 사회적 세계의 설계자와 건축자와 개혁자들은 구성원들의 행복을 최대화할 법률과 제도를 창조하는 것을 목표로 삼아야 한다"[8]라고 주장하면서 스스로 근대 세계의 설계자, 건축자, 그리고 개혁자가 되기를 자처하였습니다. 그는 이론을 설계하는 설계자였을 뿐만 아니라 그 이론을 실제로 적용해 보려 한 건축자 겸 개혁자로서 실제로 자기 이론을 증명하기 위한 시설을 설계하기도 했습니다.

그중 가장 유명한 것이 죄수를 감시할 목적으로 1791년 설계한 감옥입니다. 이 감옥은 중앙 원형 공간에 높은 감시탑을 세우고, 감시탑 바깥의 원 둘레를 따라 죄수들 방을 만들도록 설계되었습니다. 또 중앙 감시탑은 늘 어둡게 하고 죄수들 방은 밝게 한다고 합니다. 감시탑에서는 죄수들 행동을 감시할 수 있지만 죄수들은 감시탑에 누가 있는지 볼 수가 없습니다. 이를 판옵티콘(모두 본다는 뜻)이라고 부릅니다. 이렇게 되면 죄수들은 자신들이 늘 감시받고 있다는 느낌을 가지게 되고, 결국은 죄수들이 감시가 없더라도 스스로 규율에 맞게 행동하게 된다는 것입니다.

물론 벤담의 설계가 완성되지는 않았지만 근대의 권력과 달리 생명 관리 권력이라 불리는 현대의 권력이 작동하는 방식을 잘 설명했다고 하여 요즈음 다시 각광받고 있는 개념입니다. 컴퓨터통신망과 데이터베이스가 잘 구축된 현대에서는 사실 누가 누구를 감시한다는 느낌 없이도 사람들이 스스로 구축된 정보망 속에 소속되어 규율에 따라 행동하게 되므로, 작동방식으로 보면 결국 거대한 판옵티콘이라 할 수 있다는 것이지요.

다시 벤담으로 돌아가기로 하지요. 벤담이 이런 생각을 하게 된 배경은 당시의 시대 상황에 있었다고 합니다. 당시의 세계는 산업화가 진행되어 생산기술이 향상되어 가는 시점이었습니다. 반면 빈곤으로 인한 고통도 극심하던 시절이었지요. 때문에 사람들의 요구와 욕구를 가장 잘 충족시키는 방향으로 제도와 관행을 다시 만들어 나가야 한다는 생각은 자연스러웠다는 겁니다. 벤담의 생각은 신성하고 초월적인 그 어떤 것이 아니라 우리가 일상적으로 느끼고 생각하는 과정에서 발생하는 쾌락이나 고통을 근거로 하고 있어서, 공리주의는 인간의 존엄성을 인정하지 않는 '돼지의 철학'이라는 비난도 들어야 했습니다. 아직도 기독교가 지배하는 시대에 종교와 무관한 윤리 개념을 주장한 것 자체가 사람들을 놀라게 하기에 충분했던 거지요.

벤담은 로크가 주장한 자연법사상에 반대하면서 형식적 법치주의의 극치라 할 수 있는 법실증주의를 주장하였습니다.

자연법사상과 법실증주의

자연법사상은 입법자가 만든 실정법 위에 입법자의 의사를 초월하는 가치 기준으로서 자연법이 있다고 생각하는 사상입니다. 그리스 시대부터 나타난 사상으로 사람이 제정한 법인 실정법과 구분하여 '자연으로부터의 법', '자연에 합당한 법', '자연에 따라 옳은 법'이라고 불렸습니다. 자연법을 중세기독교 사회에서는 신이 만든 자연을 기초로 하는 신정법(신이 정한 법)이라고 생각했지만, 계몽주의 시대에 이르러서는 신이 만든 법이 아니라 인간의 이성을 기초로 한 법이라고 생각하게 되었습니다. 우주의 본질에 근거하고 이성에 의해 인식될 수 있는 어떤 객관적 규범원리가 있다는 것이지요.[9] 홉스, 로크, 루소 등 사회계약론자에 이르러서는 각각의 인간은 동등한 자연권을 가지고 있다고 생각했고, 그래서 모든 사람들의 동의에 의한 사회계약을 구상했던 것입니다.

이에 대하여 법실증주의란 "법의 이론이나 해석·적용에서 어떠한 정치적·사회적·윤리적 요소도 고려하지 않고, 오직 법 자체만을 형식논리적으로 파악하려는 입장"입니다.[10] 따라서 실정법을 초월하는 자연법의 존재를 인정하지 않습니다. 자연법이라든지 태어날 때부터 각자가 부여받은 인권(천부적 인권)이 법을 구속한다든지 하는 생각을 부인하고, 입법자의 의지로 법은 만들어진다고 생각합니다. 법실증주의에 따르면 판사들은 자연법을 발견하는 것이 아니라 의회에 의해 제정된 법을 따를 뿐이며, 법은 제정법의 형식을 갖추어야 한다고 하였습니다.

벤담이 법실증주의를 주장한 이유는 최대다수의 최대행복이라는 공리주의의 목적을 성취하기 위해서는 법을 도구로 활용해야 하기 때문이었습니다. 그가 보기에 당시의 법은 판사들에 의해 창조되는 경향이 있다고 보였을 만큼 구태의연하고 비합리적이었다고 합니다. 당시 지배자들이 자신들 지배에 유리한 실정법 질서를 포장하는 수단으로 자연법을 이용한다고 보았지요. 따라서 그러한 상황에서는 자연법을 주장하는 것보다 법실증주의를 주장하는 것이 현실 변혁의 목적에 더 맞다고 본 것이지요.[11]

로크가 자연법설에 입각하여 상위법이나 이성을 설정하고 그에 따라 법을 해석해야 한다고 주장한 목적이 중세기독교의 신정설이나 절대주의 왕권에서의 왕권신수설을 극복하기 위한 것이었다면, 벤담은 최대다수의 최대행복을 위해 제정된 실정법으로 법이 추구하고자 하는 목적, 말하자면 '일반인들 개개의 행복을 다른 무엇보다 우선시하고 그것을 지키는 것이 법'이라는 주장을 실현해야 한다고 본 것입니다.

벤담의 주장에 대해서는 개인의 권리를 존중하지 않고 오직 만족의 총합에만 관심을 두는 이론이라는 비판, 중요한 도덕적 문제를 모조리 쾌락과 고통이라는 하나의 저울로 측정하는 오류를 범한다는 반박이 있습니다.[12] 그리고 그 측정이 가능하지도 않다고 말합니다. 하지만 그것은 벤담의 이론을 적절하게 혹은 전체적으로 이해해서 나온 비판은 아닙니다. 벤담이 사람들은 다른 사람들의 행복을 모두 합친 것보다는 자기 자신의 행복을 더 좋아한다고 말한 것만 보아도 알 수 있지요. 사실 벤담은 모든 사람들이 모든 행동에서 의도적으로 쾌락을 추구한다고 주장하거나 각 개인들이 사회적 행복 또는 사회전체로서의 행복을 최대화할 의무를 진다고 생각하지는 않았다고 합니다.[13] 공리주의가 단순한 쾌락의 총합만을 추구한다는 식의 비판은 최근의 정의 논쟁에서 비롯된 것입니다.

《어려운 시절》

그렇긴 해도 공리주의가 당대에서조차 많은 비판을 받은 것은 사실입니다. 대표적인 사례가 찰스 디킨스(Charles Dickens, 1812~1870)가 공리주의를 비판하기 위해 쓴《어려운 시절》[14]이라는 소설입니다. 《어려운 시절》은 산업화가 급격하게 진행되던 시절의 영국, 가상의 도시 코크타운을 배경으로 하고 있습니다.

등장하는 인물은 학교를 운영하고 의회의원이기도 한 그래드그라인드, 그의 친구로서 코크타운에서 공장과 은행을 운영하는 바운더비, 그래드그라인드의 딸로서 아버지의 뜻에 따라 바운더비와 결혼하는 루이자, 루이자의 동생 톰, 루이자의 집에서 살게 되는 곡마단 소녀 씨씨 등입니다.

첫 등장인물인 그래드그라인드는 공리주의를 대변하는 인물입니다. 공리주의는 무엇보다도 신성하고 초월적인 것을 부인하고 우리가 일상의 삶 속에서 경험하는 물리적 감각만을 인정하므로, 디킨스는 공리주의자인 그래드그라인드를 모든 감정적인 요소를 배제하고 오로지 과학과 사실 관계만을 토대로 살아가는 인물로 그립니다.

그래드그라인드가 자신이 세운 학교 교실에서 학교선생에게 이야기를 하는 장면부터 소설은 시작됩니다. 그는 말합니다. "자, 내가 원하는 것은 사실이오. 이 학생들에게 사실만을 가르치시오. 살아가는 데는 사실만이 필요한 거요…. 이것이 내가 내 자식들을 키우는 원칙이고, 이것이 내가 이 학생들을 교육시키는 원칙이오…." 여기서 짐작할 수 있듯 그래드그라인드의 교육원칙(살아가는 데 필요한 것은 '사실'뿐이고, 교육과 삶의 제일원칙이 '사실'이라는 것)대로 키워진 학생들(그의 아들딸들을 포함한)이 과연 제대로 삶을 살아가는가를 따라가 보는 것이 이 소설의 주된 줄거리입니다.

그중 바운더비와 결혼한 루이자는 불행한 결혼생활로 고통을 겪습니다. 딸에게 결혼을 권하는 아버지는 딸을 설득하면서 결혼 문제도 명백한 사실 문제로만 생각하도록 권합니다. 그러자 딸은 취향이나 상상, 열망이나 애정, 부드러운 감정들이 무엇인지 모르도록 잘 교육된 자신으로서는 청혼을 받아들이는 것이 자신이 할 수 있는 작은 일이라면서 바운더비의 청혼을 그대로 받아들입니다. 그러나 불행한 결혼생활 끝에 집으로 돌아온 루이자는 아버지에게 말합니다. 자신은 항상 불행했고, 인생은 곧 끝날 것이고 인생의 어떤 것을 위해서도 수고와 노력을 들일 가치는 없다고 생각하는 것이 삶을 버티는 마지막 수단이었다고요. 결국 아버지의 교육 방침에 충실하게 살았지만 인생에서 아무런 의미나 재미를 찾을 수 없었다는 것이지요. 무감각한 정신상태로 살면서 청혼을 받아들였고, 아버지의 철학과 교육이 자신을 구해 주지는 못했다고 합니다.

아버지는 딸의 이런 말에 자신이 디디고 선 땅이 발밑에서 요동치고 한순간에 무너져 내리는 듯한 충격을 받습니다. 또 루이자를 무감각한 상태에서 벗어나게 해 주는 유일한 사랑의 대상 동생 톰은 방탕

한 생활에 빠져 빚을 지고 그 빚을 갚기 위해 은행 돈을 훔칩니다. 결국 낯선 곳에서 열병에 걸려 누이에 대한 사랑과 참회 속에서 죽게됩니다. 디킨스가 하고 싶은 말은 수치로 계량화할 수 있는 '사실'만을 강조하고 계량화되지 않는 가치를 인정하지 않는 공리주의는 인간의 진정한 행복을 보장해 주지 못한다는 것입니다.

인물들을 중심으로 한 이야기를 펼치면서도 디킨스는 곳곳에서 다양한 비유를 들어 공리주의를 비판하는데 그중 한 장면만 보기로 할까요? 루이자의 집에서 살게 된 곡마단 소녀 씨씨는 어느 날 루이자에게 학교 공부의 어려움을 하소연합니다. 예를 들어 이런 겁니다. 선생님이 국가의 부(富)에 대해서 설명하면서 씨씨에게 묻습니다. 이 국가에 5000만 파운드의 돈이 있다면 이 국가가 부유한 나라냐. 그러자 씨씨는 모르겠다고 답했습니다. 씨씨로서는 그 돈을 누가 가지고 있는지, 그리고 그중 얼마라도 자기의 돈인지 아닌지 모른다면 부유한 나라인지 아닌지, 자신이 부자나라에서 사는지 아닌지 알 수 없다고요. 그러자 선생님이 다시 질문을 합니다. 어느 커다란 도시의 시민이 100만 명인데 1년에 25명만이 길에서 굶어 죽는다고 하면 그 비율은 어떠냐. 다시 씨씨는 굶어 죽는 사람에게는 다른 사람들이 100만 명이든, 100만 명의 100만 배이든 마찬가지로 견디기 힘든 일이라고 답변했지요. 선생님이 또 묻습니다. 일정 기간 동안 10만 명의 선원이 장거리 항해를 떠났는데 그중 500명만이 익사했거나 불에 타 죽었다면 몇 퍼센트가 죽은 것이냐. 그런데 씨씨는 아무것도 아니라고 답했습니다. 죽은 사람의 친척과 친구들에게는 그런 건 아무것도 아니라고요. 그러면서 씨씨는 아버지가 자신이 교육받기를 그토록 원했는데 자기는 영영 제대로 배우지 못할 것 같다며 흐느껴 웁니다.

어떠세요? 씨씨는 단순히 산수를 못하는 학생이었고 디킨스는 그 점을 지적하기 위해 이 장면을 넣었을까요? 사실 디킨스는 공리주의가 실질적인 행복과 진정한 합리성을 보장할 수 없다는 주장을 하고 싶었던 것이 아닐까요. 역사적으로 볼 때 공리주의는 전근대적인 악습과 폐해에 시달리던 영국 사회에 이성의 빛을 비추어서 근대사회로 개혁하려는 운동이었지요. 하지만 디킨스는 개인의 구체적인 감정과 개성을 추상적이고 계량할 수 있는 수치로 환원하려는 것은 위험하다는 것을 간파했던 것입니다.[15]

'통제 불가능한 전차'

공리주의에 대한 비판은 다양한데요, 그중에서도 가장 유명한 비판 중의 하나가 마이클 샌델이 소개하여 유명해진 '전차 문제'입니다.

> 통제가 불가능한 전차가 내 눈앞에서 질주한다. 옆에는 선로 전환기가 있다. 나는 아무 조치도 취하지 않고 다섯 명이 죽도록 내버려 둘 수도 있고, 전차선로를 변경해서 지선에 서 있던 한 명만 죽도록 할 수도 있다. 길 가던 행인인 나는 아무 조치도 취하지 않고 운명에 맡겨야 할까, 손잡이를 당겨 한 사람을 죽게 하고 다섯 사람을 살려야 할까?

마이클 샌델의《정의란 무엇인가》의 제1강에서 언급된 이 시나리

오는 1967년 영국의 철학자 필리파 풋이 고안한 사고실험에 1985년 미국의 철학자 자비스 톰슨이 조금 살을 붙인 것이라고 합니다.[16] 필리파 풋은 '가톨릭 신자가 자신의 목숨을 구하기 위해 태아의 죽음을 감수하고 자궁절제술을 받는 것이 도덕적으로 허용될까?' 하는 윤리적 물음에 실마리를 던지기 위해 이 사고실험을 처음 고안했습니다. 2003년에 하버드대학의 심리학자들이 '도덕심 검사'라는 웹사이트를 만들어서 다양한 전차 시나리오를 올려 응답하게 했고, 2009년에 마이클 샌델 교수가 그의 인기 강의인 〈정의란 무엇인가〉의 첫 강의에서 이를 언급하면서 다시 전차 문제가 유명해지기 시작했다는군요.

전차 문제를 가상의 여론 법정에 세워 다양한 사람들로부터 의견을 듣는 형식으로 꾸며진 책 《누구를 구할 것인가?》에서 가상의 배심원단 중 한 명으로 참여한 철학교수 대런은 손잡이를 당겨 다섯 사람의 목숨을 구하고 한 사람을 죽게 한 대프니 존스는 무죄라고 주장합니다. 최대다수의 최대행복을 가져다주는 길을 선택했기 때문이라는 겁니다. 그는 공공선(公共善)은 최대의 선(善)을 가져다주는 것이고, 감정이 이성을 방해해서는 안 된다는 주장을 펼칩니다.

반면 인권단체에서 일하는 변호사인 마거리트는 대프니 존스는 유죄라고 주장합니다. 한 사람을 죽도록 하여 그의 권리를 침해했다는 겁니다. 아무리 결과가 좋더라도 전차가 사람을 치도록 방향을 바꾸어서는 안 된다는 겁니다. 만일 대런처럼 최대의 선이라는 기준을 중시한다면 다섯 명을 살리기 위해 한 명을 죽게 하는 방법은 어떤 것도 좋다고 볼 수 있게 됩니다. 예를 들어 선로를 단순히 변경하는 것이 아니라 전차를 멈출 수 있게 할 만큼 충분히 뚱뚱한 사람이 있으면 그 사람을 선로에 떨어뜨려 죽게 하고 전차를 멈추는 방법도 허용될 수 있을 것입니다. 실제로 대런은 그 경우도 무죄라고 주장했습니다.

여러분은 어떠세요? 대프니 존스는 무죄인가요, 유죄인가요? 실제로 이런 상황에 맞닥뜨리게 되면 우린 어떤 행동을 해야 할까요? 그 행동의 근거는 무언가요?

2. 자유주의적 정의관

칸트의 사상 - 보편적 법이 될 수 있을 준칙을 좇아라

앞에서 나온 변호사 마거리트는 '우리 인간에게는 남들이 공리라는 명분으로 침해할 수 없는 보편적 권리가 있다'고 주장합니다. 이는 철학자 칸트의 관점이고 마이클 샌델이 말하는 자유주의적 관점이라고 할 수 있습니다. 자유주의는 유럽에서 18세기경에 성장한 신흥 시민계급의 사상입니다. '타인의 자유를 침해하지 않는 한 자신의 인격을 자율적으로 발현하는 인간의 자유와 권리를 보장하는 것'을 정의라고 봅니다. 칸트의 사상이 이런 자유주의 철학의 기초가 되었습니다.[17]

칸트는[18] 인간의 쾌락이나 행복의 증진이 정의관의 기초가 될 수 있다는 공리주의 관점을 부정합니다. 오히려 인간들이 자유롭고 합리적이고 책임감 있는 존재라는 가정이 정의관의 기초가 된다고 봅니다. 그는 도덕과 정의의 적절한 바탕은 행복보다는 자유에 있다고 주장합니다. '자유는 어떤 사람이 스스로 자신에게 적용하는 법이 아닌 다른 어떠한 법에도 종속되지 않는 상태'입니다. 즉, '자유로움은 어떤 사람의 행동에 대한 속박이 없는 것이 아니라 타인의 독단적인 의지가 강요하는 속박으로부터 독립하는 것'입니다. 그는 모든 사람은 절대적 가치를 지니며 그 가치는 누구에게나 똑같다고 봅니다. 그러므로 자유로운 인간은 "보편적 법이 될 수 있을·만한 준칙을 좇아 행동하라"는 한 가지 명령만을 따라야 합니다. 여기서 준칙이란 개인들이 자신의 목적이나 목표를 추구할 때 선택하는 행동의 원칙을 말합니다. 그래서 "어떤 행동이 보편적인 법과 조화를 이루면서 다른 모든 사람의 자유를 방해하지 않는다면 그 행동은 옳다"고 합니다. 타인의 자유를 침해하지 않는 것이 자신의 자유를 지키는 것이므로 보편적인 기준을 지키는 것이 유일한 원칙이 된다는 칸트의 입장이 이해되지 않나요?

칸트는 개인들은 다른 사람들의 자의적인 의지에 속박당할 위험이 있기 때문에 '서로 연대하여 시민들의 권리를 강제할 권력을 갖는 국가를 창조해야 한다'고 말합니다. 자기 자신의 권리와 필요한 것들을 보장받는 대가로 동료 시민들에게 의무들을 진다는 동의를 하고 원초적 계약을 체결했다고 봅니다. 이 원초적 계약은 뒤에 나올 롤스에 의해 구체화됩니다.

이런 칸트의 사상을 배경으로 하는 자유주의 관점에서 정의는 개인의 사적인 이익을 국가 권력을 통해 보장받는 것입니다. 즉, 국가 권력이나 집단의 간섭으로부터 개인의 자유와 자율이 최대한 보장되는 것이 자유주의 관점에서의 정의인 것이죠. 법은 그와 같은 정의를 실현하기 위한 수단이고요. 그러나 뒤에 나올 공동체주의 관점에서는 이런 개인주의적 태도는 사람들이 공동체 속에서 돕고 살면서 이룰 수 있는 가치들을 사라지게 만든다고 비판합니다.

존 롤스 – 무지의 베일을 쓴 상태에서 합의하라

《정의론》으로 유명한 사람은 존 롤스(John Rawls, 1921~2002)입니다. 롤스는 공리주의 정의관을 비판하면서 자유주의 정의관을 재구성한 새로운 정의론을 만들었습니다. 롤스는 오직 최대다수의 최대행복을 꾀하는 것이 정의라는 공리주의의 주장은 개인의 권리를 짓밟을 수 있고, 인간의 다양한 가치를 제대로 고려하지 못한다고 비판합니다. 행복의 총합을 키우기 위해서라든지, 다수의 이익을 위해서 소수자에게 불편을 감수하도록 하는 것이 정당화될 수 없다는 이유였지요.[19] 또 공리주의는 필요성에 의해서 욕구들을 계산하고 선택하지만 이러한 방식으로는 개인의 자유를 실현할 수 없다고 지적합니다. '좋음(the good)'보다는 '옳음(the right)'이 우선한다는 주장도 합니다. 이런 입장에서 롤스는 공리주의보다는 사회계약설로 다시 돌아가서 가장 불리한 처지에 있는 사람에게도 가능한 한 가장 큰 이익이 돌아가게 할 수는 없는지를 고민하여 정의의 원칙을 만들었습니다.

먼저 롤스는 홉스나 로크처럼 어떤 상태를 전제하였습니다. 그것을 홉스나 로크는 '자연 상태'라고 불렀지만 롤스는 '원초적 상태'라고 이름 지었습니다. 그리고 한정된 자원을 공정하게 분배하는 합의를 하기 위해 사람들이 회의에 참석한다고 가정합니다. 그들은 자기에게 유리한 것이 무엇인지 모릅니다. 자기가 머리가 좋은 사람인지, 돈이 많은 사람인지 하는 자신의 조건은 전혀 모른 채 회의에 참석한 것이지요. 물론 다른 사람들의 조건도 모르기는 마찬가지입니다. 다만 그들은 합리적인 사람들입니다. 자기들이 큰 몫을 챙기기를 원하지만 그 일부를 다른 사람을 이롭게 하는 명분에 사용하기를 원할 수도 있는 사람들이지요. 그리고 분별력이 있는 사람들이기도 합니다. 토론을 거쳐서 합의에 도달하려고 노력해야 한다는 사실을 잘 이해하고 있습니다. 롤스는 이런 상태를 '무지의 베일'을 쓴 상태라고 합니다. 자신이 머리가 좋은지 돈이 많은지 등 자신의 조건을 모르기 때문에 한쪽에 유리하게 주장할 수 없고 이런 상태라면 모든 사람에게 가장 공정한 방법을 합의해 낼 수 있다고 생각한 겁니다. 그렇다면 그것이 가장 정의로운 것이 될 것이고요.

롤스[20]에 의하면 그들이 합의한 결과는 다음과 같습니다. 제1원칙은 기본적 자유 원칙(평등한 자유 원칙)입니다. 모든 개인은 기본적 자유들을 동등하게 누릴 권리를 갖는다는 말이지요. 제2원칙은 기회균등의 원칙(공정한 기회의 원칙)과 차등의 원칙(격차 원칙)입니다. 사회적 및 경제적 불평등은 다음의 두 조건을 충족시킬 때만 허용되는데, 하나는 그 불평등의 원인이 되는 직무와 직위들은 기회의 평등에 따라 모든 이들에게 열려 있어야 한다는 것이고, 다른 하나는 그 불평등은 사회적으로 가장 취약한 사람들에게 가장 도움이 될 수 있는 방향이어야 한다는 것입니다. 부와 권력의 분배가 늘 산술적으로 평등할 수는 없으므로 불평등을 인정하지만, 그 불평등은 결과적으로 모든 사람에게 이익이 되고 특히 사회에서 가장 불리한 처지에 있는 사람들에게 이익이 될 때에만 정당하다는 것입니다.

무지의 베일을 쓰고 있는 사람은 자신이 사회에서 가장 불리한 처지에 놓여 있는 사람일 수도 있으므로 가장 불리한 사람들에게 이익이 되는 쪽으로 합의를 하게 된다는 것이지요. 이와 같은 롤스의 정의론조차도 자유 지상주의 입장에서는 사적 재산의 소유권에 대한 침해가 된다는 비판을 받고 있습니다. 그래서 자유 지상주의 입장에 대해 롤스의 입장은 평등주의적 자유주의라고 불리기도 합니다. 반대로 평등 또는 공동선의 이념을 지나치게 많이 외면하고 있다고 보는 견해도 있습니다.[21] 또 단순한 형태의, 상대적으로 대등한 사람들 사이의 상호성에 바탕을 두고 있어서 복잡한 상황에서 정의를 구현할 질서를 찾는 데는 더 많은 조정이 필요하다고 볼 수도 있습니다.[22]

3. 공동체주의적 정의관

정의의 내용에 앞서는 것은 공동선이라는 목표

개인의 자유와 신택권을 중시하는 이러한 정의관에 대해 공동체주의 관점에서의 정의관은, 자기가 속한 구체적인 공동체를 전제로 하여 공동선을 실현하고 있는가, 그것을 기준으로 정의를 규정하려

합니다. 자신이 속한 공동체가 유지되는 목적에 걸맞은 공동선을 찾아냄으로써 자신이 어떻게 처신해야 하는지를 알 수 있다는 것입니다. 이것은 앞에서 살펴본 두 정의관과는 대조적이지요. 공리주의 정의관에서는 다수의 행복을 우선시하고 지키는 것이 정의라고 하였고, 자유주의 정의관에서는 개인의 자유와 자율이 최대한 존중되는 보편적인 준칙을 찾는 것이 정의라 하였습니다. 정의의 내용은 각기 다르지만 추상적으로 '정의가 이것이다!'라고 지칭할 수 있는 내용이 있다는 점에서 두 관점은 유사성이 있습니다. 하지만 바로 이 대목에서 공동체주의 정의관은 두 관점과 다릅니다.

공동체주의 정의관은 두 정의관과 비교해 볼 때, 정의에 관한 일정한 내용이 없고 상황에 따른 정의를 실현하는 것을 중요시한다는 점에서 상대주의 정의관이라고 말할 수 있습니다. 이때 '상황'이란 개별 인간이 속한 공동체가 추구하는 목적이지요. 말하자면 그들이 공통으로 제시하는 정의의 내용이 따로 없다는 것입니다. 다만 공동체의 가치를 촉진하는 방향이 옳다고 하고 있을 뿐입니다. 공동체주의 정의관은 구체적 정의의 내용을 제시하여서 그 내용에 의해 '공동체주의'라는 명칭으로 불리는 것은 아닙니다. 마이클 샌델, 매킨타이어 같은 학자들이 자유주의 정의관을 대표하는 롤스의 정의관에 대해 공동선을 내세워 비판했는데, 그들의 공통된 비판 기반이 '공동체'였기 때문에 그들을 함께 묶어 공동체주의자라고 부르면서 나온 개념입니다. 실제로 샌델은 자신을 공동체주의자라 부르지 말아 달라고도 했다는군요.

그럼 이들이 어떤 식으로 정의를 바라봐야 한다고 한 것인지, 공동체가 추구하는 목적에 맞는 정의를 찾는 것이란 무엇인지 이제부터 살펴볼까요?

구체적 상황에 대한 이해가 추상적 정의보다 중요하다

앞에서 설명한 바를 상기해 보죠. 롤스는 자신의 조건을 전혀 모르고 회의에 참석한 사람들을 가리켜 무지의 베일을 썼다고 했죠. 무지의 베일을 쓴 상태에서 사람들이 합의하여 도출된 결과가 모두에게 공정한 결과라고 했고요. 이에 대해 매킨타이어는 롤스의 무지의 베일을 쓴 사람들은 고립된 개인들인데, 그들은 무지의 베일 속에서 존재하는 것이 아니라 현실 사회 속에 살고 있는 존재라고 지적하면서 롤스의 이론을 비판합니다. 개인은 사회가 있기 전부터 있었거나 사회로부터 분리되어 있는 것이 아니라 이미 사회 안에 살고 있는, 사회와 따로 분리해서 생각할 수 없는 존재라고요. 롤스가 말한 무지의 베일을 쓴 사람들은 그 자체로 사회를 만들어 내기 위한 전 단계에 해당하지만, 이미 사람들은 사회 속에 속해 있다라는 점을 매킨타이어는 지적한 것이죠.

샌델은 어떤 이론을 펼쳤을까요? 샌델 또한 정의로운 사회는 단순히 공리를 극대화하거나 선택의 자유를 확보하는 것만으로는 만들 수 없다고 하면서 공리주의 관점과 사유주의 관점 모두를 부정했습니다. 대신 그는 사람들이 좋은 삶의 의미를 함께 고민하고 으레 생기기 마련인 이견을 기꺼이 받아들이는 문화를 가꾸어 나가야 한다고 말합니다.[23] 그러므로 공동체주의 관점에서는 추상적이고 독립적인 개인보다는 구체적이고 다양한 공동체 구성원으로 살아가는 개인들을 전제로 한 정의를 발전시켜야 한다고 생각합니다.

샌델은 앞에서 본 전차 문제 말고도 여러 가지 사례를 들어서 공동체주의 정의관을 설명하고 있는데요, 그중 대표적인 염소치기 소년들 사례를 볼까요?[24] 이것은 실제로 일어난 일입니다.

2005년 6월 미 해군 특수부대 소속 4명의 군인이 아프가니스탄에서 비밀경찰업무를 수행 중. 오사마 빈 라덴의 측근인 탈레반 지도자를 찾는 것이 그들의 임무. 미군들이 잠복한 산등성이에 아프가니스탄 농부 2명이 100마리가량의 염소를 몰고 나타났다. 미군들은 농부들을 죽일 것인지 풀어 줄 것인지 고민하다 결국 그들을 놓아준다. 염소치기들을 풀어준 지 한 시간 반쯤 뒤, 미군 4명은 중무장한 탈레반 80~100명에게 포위되었고 격렬한 총격전 끝에 그들 중 3명이 사망했다. 그들을 구출하러 온 헬리콥터는 격추되었고, 거기에 타고 있던 16명의 군인이 죽고 말았다.

샌델은 이 경우 염소치기들을 죽이는 것이 옳았는지 그래도 살려 주는 것이 옳았는지를 판단하려 하지 않습니다. 중요한 것은 어떤 구체적 상황에 대한 이해가 선행되지 않고 추상적으로만 정의에 관해 논쟁하는 것은 무의미하다는 거지요. 샌델은 이 상황에서 정답을 찾을 수는 없다고 합니다. 염소치기들이 탈레반의 동조자가 아닌 중립적인 사람들이었지만 강요에 못 이겨 미군의 위치를 알려 주었을 수

도 있고 탈레반의 염탐꾼이었을 수도 있습니다. 그들이 탈레반의 염
탐꾼이 아닌데도 탈레반의 고문으로 미군의 위치를 알려 주었다면
더욱 그들을 미리 죽이는 결정은 어려웠을 것입니다. 샌델이 이 사례
로 얘기하고자 하는 것은 이런 식의 어려운 문제를 결정하기 위해서
는 개인의 자기 성찰만으로는 부족하고 친구, 이웃, 전우, 시민들의
도움이 필요하다는 것입니다. 공동체의 구성원이라는 입장에서의 정
의가 이런 난제를 풀 때 더욱 도움이 된다는 것이지요.

공동체의 목적에 따른 공정한 배분

공동체주의자들은 공동체가 유지되는 다양한 목적에 따라 소득,
부, 기회가 배분되어야 한다고 봅니다. 그런 차원에서 단순히 개인들
의 이익의 총합을 따지는 공리주의와는 다르다는 것이지요. 또한 그
목적은 공동선을 지향합니다. 샌델은 공동선의 예로 도덕적·종교적
신념을 지키는 것을 듭니다.[25] 그는 도덕적·종교적 신념을 배제하고
정의를 논하는 것은 정당하지 않다고 했지요. 그러면서 그 사례로 낙
태 논쟁과 배아줄기세포 연구에 관한 논쟁을 듭니다.

그는 낙태 논쟁에는 무고한 생명을 빼앗아 가는 낙태는 금지되어
야 한다는 생각과, 발달 중인 태아의 지위는 워낙 날카롭게 대립하
는 종교적 문제이니 정부는 중립을 지키고 여성 스스로 낙태를 결정
하게 하자는 두 가지 생각이 있다고 합니다. 그러면서 그는 여성에게
선택권을 준다는 두 번째 입장과 도덕적·종교적 판단을 해야 한다는
첫 번째 입장은 차원을 달리하는 문제이므로 양립할 수 있는 생각들

이라고 합니다. 즉, 하나의 생각을 선택하면 다른 생각은 저절로 배척되는 관계가 아니라는 겁니다. 그러므로 두 번째 입장에 따라 여성에게 선택권을 주려고 할 때에도 첫 번째 입장에서 주장하는 도덕적·종교적 문제를 먼저 해결해야만 한다고 주장합니다. 발달 중인 태아와 인간은 같은지 다른지 하는 도덕적·종교적 논란을 먼저 해결해야만 여성에게 선택권을 주는 것이 옳은지 아닌지를 결정할 수 있게 된다는 것입니다.

배아줄기세포 연구에 관한 논쟁도 마찬가지로 인간은 잉태된 순간부터 생명을 얻기 때문에 초기 배아를 파괴하는 행위는 사실상 아이를 살해하는 행위라는 입장에서부터 이 연구로 당뇨병, 파킨슨병, 척수손상 등을 치료할 길이 열리므로 과학은 종교적·이념적 간섭을 받아서는 안 된다는 입장까지 있으므로 결국 착상 전 배아는 인간인가 아닌가 하는 논쟁에서 자유롭지 않다고 합니다.[26]

결국 공동체의 도덕적·종교적 신념이 먼저 작용해야만 결론을 내릴 수 있는 문제이지 도덕적·종교적 신념을 배제하고 결정할 수 있는 문제가 아니라는 것입니다. 그러므로 어떤 공동체의 공동선을 먼저 따져 보는 공동체주의 정의관을 배제하고는 정의를 논할 수 없다는 것이지요.

이런 공동체주의 입장에 대해서는 자신이 속해 있는 어떤 크고 작은 공동체를 다른 공동체보다 우선시하는 태도가 정당한가[27]라는 의문과, 다양한 삶의 가치를 인정하는 다원주의와 개인의 자율성이 위협받을 수 있다는 비판이 있습니다. 때로는 공동체주의적 목표가 현실과 동떨어져 있는 경우도 있겠지요.

우리 시대에 맞는 정의는 무엇일까

이처럼 정의의 내용이 무엇인지를 정하는 방법은 정해져 있지 않습니다. 정의에 대한 역사적 논의를 통해서 알 수 있는 것은 이런 이론들은 그 이론이 나타난 시대의 정의롭지 못한 상황을 풀기 위해서 등장했다는 점입니다. 플라톤이 당시 상업적인 호황을 맞이하던 아테네 사회에 새로운 철학을 던져 주기 위해 자신만의 정의 이론을 발전시켰고, 벤담은 산업사회 발달에 따른 사회적 불평등을 시정하기 위한 개혁적인 생각에서 공리주의를 발전시켰다는 점만 보더라도 알 수 있습니다. 그렇다면 정의가 무엇이라는 고정된 원칙을 추구하기보다는 우리 시대에 맞는 정의는 무엇이며 그 정의를 실현하기 위해서는 어떤 법을 가져야 하는지를 함께 찾아가는 것이 더 중요하다고 생각되지 않나요?

현대사회는 이전보다 훨씬 복잡하므로 어떤 법이 정의로운 법인지를 정하기는 더욱 어렵습니다. 현대사회의 복잡다기함을 생각해 볼 때 어느 관점이 옳다, 그르다고 선을 그을 수 있는 문제는 아니라는 생각조차 듭니다. 적용되는 영역, 개별 법에 따라 개인의 기본권을 우선적으로 보호할 것인지 공동체의 이익을 우선적으로 보호할 것인지를 판단해서 적절하게 결정할 필요가 있습니다. 경우에 따라서는 개인의 권리보다 공동체의 이익이 우선될 때도 있을 것입니다. 개인과 개인의 권리가 부딪힐 때에도 단순히 다수자의 이익을 우선할 것이 아니라 침해되는 소수자 권리의 성격이 어떤 것인지, 침해되는 권리의 수준은 어느 정도인지 등을 두루 살펴야만 합니다.

그리고 이런 판단의 기초에는 뒤에서 살펴볼 헌법정신이 놓여 있어야 합니다. 제정일치의 고대 국가에서는 종교 경전이 인간의 삶을 규정하는 최고의 규범이었습니다. 오늘날 대부분의 국가에서는 정치와 종교의 분리가 확립되었고, 사람들의 다툼을 판단하는 절대적 기준은 인간의 이성과 지혜를 바탕으로 다스림을 받는 피지배자들이 직접 만든 법이며, 법 가운데 헌법이 최고법입니다. 그러므로 민주사회에서는 헌법이 '시민 종교'라고 할 수 있습니다.[28] 따라서 무엇이 정의인지 판단할 때 헌법정신이 무엇인지를 살펴서 개별 사건이 헌법정신에 어긋나는지를 따져 보는 것을 가장 먼저 해야 하는 것이지요. 정의의 원칙이 무엇인가에 대한 이런저런 논쟁은 헌법정신의 해석을 둘러싼 논쟁이라고 말할 수도 있겠습니다.

3장
헌법과 헌법정신

1. 헌법이 '법의 법'으로서 자리 잡기

| 헌법이란

헌법의 문언적 의미는 법 '헌(憲)'과 법 '법(法)'이 결합한 것이므로 '법의 법'이라고 할 수 있습니다. 그러나 원래는 영어의 Constitution 을 번역한 것으로서, '조직하는 것'이란 뜻을 가지고 있습니다. 게오 르크 옐리네크(Georg Jellinek, 1851~1911, 법학적 국가론을 체계화한 19세기 독 일의 대표적 공법학자. 근대 각국의 정치학·헌법학 이론에 큰 영향을 끼쳤다)에 따르 면 '모든 지속적인 단체의 의사를 형성하고 시행하며, 그 범위를 확정 하고, 구성원의 지위를 규정하는 질서'를 헌법이라고 합니다. 예를 들 어, 우리나라 종교단체들에서도 그 조직의 최고 규율을 헌법이라고 부르는 것을 볼 수 있습니다. 이때의 헌법이 바로 옐리네크가 말하는 조직의 최고 규율로서의 헌법입니다. 그 조직이 국가일 경우 우리가 일반적으로 떠올리는 '헌법'이 되는 것이지요. 국가에다 옐리네크의 말을 적용하자면 '국가의 조직과 작용의 원리 및 국민과 국가의 관계를 규정하거나 형성하는 기본법'이 헌법이 되는 것이지요.

이렇게 생각하면 국가라는 조직이 생긴 이래로 헌법은 존재하여 왔다고 할 수 있습니다. 그 국가가 어떤 국가이든 조직의 원리나 구성원에 대해서 규정하는 질서는 존재했을 것이기 때문이지요. 왕이 다스리던 시대의 헌법에는 왕의 절대적인 권력에 국민은 무조건 복종한다라는 정신이 담겨 있겠지요?

그러나 '헌법에 의한 통치'라는 입헌주의가 정착하기까지는 헌법이라고 부를 만한 것이 있다 하더라도 국민들이 정치구조를 선택하고 그에 따른 헌법을 제정하고 개정할 수 있었던 것은 아니었습니다. 국민은 다스려지는 대상으로서 헌법에 영향을 받을 뿐인 일방적인 존재였지요. 조선 시대만 해도 그렇지요. 그때는 《경국대전》으로 대표되는 나라의 법 질서가 있었지만, 이는 왕이 백성을 다스리는 도구로서 필요했던 것이었지 백성들이 위로 영향을 미치는 수단은 아니었습니다. '법의 법'으로서 헌법의 역할이 부각되지 않았던 시절이었지요.

헌법은 근대법을 담은 역사

그렇다면 헌법이 국민을 다스리는 도구가 아니라 국민과 국가(를 다스리는 자)가 서로 영향을 미치는 역할을 하게 된 것은 언제부터일까요? 그것은 이미 앞서도 여러 번 얘기했듯, 권력을 가진 자가 그 권력이 신이나 자연이 아닌 '법'으로부터 나온다는 것을 인정했을 때부터 였습니다. 대표적으로 영국의 경우, 마그나 카르타-권리청원-권리장전으로 이어지는 과정을 겪으면서이죠. 그리하여 헌법에 의한 통치라는 입헌주의가 이루어지고, 비로소 헌법은 왕권뿐 아니라 다스림을 받는 신민들과도 상호작용을 하게 된 것이죠.[*]

이처럼 헌법을 만드는(만들 수 있는) 권력(헌법 제정 권력)이 원래 신이거나 왕이었던 사회에서 귀족 등 특권계층을 거쳐 국민으로 바뀌는 과정이 근대법의 역사라고 할 수 있습니다. 헌법이 단순히 국가를 조직한다는 의미에서 '법의 법'이라는 위치를 차지해 가는 과정이라고 할 수도 있습니다. 영국의 사례만 보아도 처음에는 왕과 귀족과의 싸움으로 시작되어 대헌장에 왕이 서명을 하였던 것이지요. 그렇게 귀족들이 쟁취한 신체의 자유나 재산권의 자유가 산업혁명으로 재산을 많이 가지게 된 시민계급을 보호하게 되고 다시 일반 국민들에게까지 넓혀지게 되었던 것입니다. 이러한 흐름이 결국 근대식 입헌주의의 발전 과정이지요. 즉 점점 권력이 헌법 아래에 놓여 가게 된 것입니다. 이런 과정을 거쳐서 헌법 제정 권력은 완전히 국민에게 귀속되게 되었습니다.

헌법을 제정한다는 것은 국가 형태와 기본적 가치질서에 관한 국

---

[*] 그렇다고 해서 헌법이 꼭 고정된 법조문으로 존재하는 것은 아니다. 헌법이라고 부를 만한 고정된 법조문을 갖지 않은 대표적 나라가 영국이다. 그러나 영국은 대헌장-권리청원-권리장전 등 헌법적 규율을 담고 있는 조문들은 많이 가지고 있다. 대헌장이 나온 지 800년이 흐른 요즈음에는 영국에서도 통일된 헌법전이 필요하다는 논의가 많이 나오고 있다.

민적 합의를 규범화하고 체계화하는 것이므로, 이것은 결국 국가 의사와 국가 질서를 전반적, 최종적으로 결정하는 것이 됩니다. 즉 나라를 직접민주주의 나라로 만들 것인지, 대의민주주의를 시행하는 국가로 하되 중요한 정책에 대해서는 국민투표를 실시하도록 할 것인지, 3권을 분립할 것인지 2권만을 분립하기로 할 것인지 등등 국가 질서를 국민들이 스스로 정하는 것이지요. 그리고 어떤 종류의 기본권을 어느 정도까지 보호할 것인지 하는 문제들도 국민의 합의로 정해지는 것입니다.

영국처럼 오랜 역사를 거쳐 꾸준히 쌓인 문서들에 담긴 선택들을 모아서 헌법이라고 하고 그 내용을 헌법정신이라고 보는 나라도 있지만, 우리나라처럼 일제 강점에서 해방된 후 국민이 뽑은 의원들이 제헌의회를 구성하고 우리나라 질서를 선택하여 헌법을 만든 경우도 있습니다. 그러나 결국은 그 시대 국가 질서를 주권자인 국민들이 스스로 결정했다는 것이 중요합니다. 그렇다면 이런 근대헌법에서 가장 중요한 원리는 국민주권 원리겠지요?

이처럼 근대헌법은 주권자인 국민이 국가 질서를 스스로 정한 것이므로 단순히 국가 조직 원리만을 담고 있지 않고, 주권자인 국민들 의사가 왜곡되지 않고 보호되도록 하고 국가 권력 남용을 방지하기 위한 여러 규정을 두루 담고 있습니다. 권력분립의 원리라든지 기본권을 보호하는 많은 규정들이 그것입니다. 이런 헌법에 담긴 원리들을 헌법정신이라고 부를 수 있습니다.

2. 헌법정신1 - 국민주권 원리

국민이 그들의 대표를 선출하는 이유

근대법이 생기게 된 이유를 다시 한 번 상기해 본다면, 이전에는 왕이 신을 대신해 최고권력을 행사했고, 그 권력은 일반인들은 물론 이거니와 귀족계급의 이익조차 대변하지 않았었죠. 그래서 왕권을 제한하는 것이 근대법이 등장하게 된 첫 번째 계기였습니다. '권력자(지배자)에 의한 절대적 통치'를 막겠다는 것이죠. 그러다가 경제적 능력을 갖춘 시민계급이 융성하면서 왕권과 귀족권은 약화되었고 결국에는 오늘날과 같은 모습의 민주주의가 자리 잡게 됩니다.

민주주의란 '피지배자에 의한 통치' 또는 '지배자와 피지배자의 동일성'을 의미합니다. 민주주의는 democracy를 번역한 말인데요, '평민'을 의미하는 demos와 '지배'를 의미하는 kratia를 어원으로 하는 그리스어 demokratia의 영어에 해당하죠. 어원으로만 보더라도 평민이 지배하는 것을 가리키는 것이니, 국민주권의 원리가 민주주의의 근간이라고 할 수 있겠지요.

국민주권의 원리 아래서는 통치권자를 결정하는 것도 국민이고, 국가 정책을 결정할 수 있는 결정권도 국민에게 있습니다. 헌법의 제일원칙은 바로 이 민주국가의 실현입니다. 헌법 제1조 제1항 "대한민국은 민주공화국이다", 제2항 "대한민국의 주권은 국민에게 있고, 모든 권력은 국민으로부터 나온다"라고 처음에 밝힌 것은 바로 이 때문이겠지요. 법에서 특히 헌법에서 다루고 있는 민주주의의 기본 이념은 바로 '국민이 국가의 주인'이라는 것이라고 할 수 있습니다.

그런데 현실에서는 전체 국민이 모든 사안에서 언제나 직접 국가 의사를 결정할 수 없기 때문에 국민이 선거에 의해 대표를 선출하고 그들에게 국가 의사를 결정할 것을 맡기는 경우가 대부분입니다. 선거를 통해서 자신들을 대리하여 통치할 대표자를 선출하는 것이지요. 국민이 자신을 대표할 사람을 뽑는 선거제도는 국민이 자신의 주권을 행사하는 가장 중요한 절차입니다. 아무리 대표를 직접 뽑는다고 해도 그 대표가 국민 자신일 수 없으며, 또 자신을 대표하는 사람을 뽑지 못하는 사람들도 있습니다. 투표권을 가지지 못하는 외국인, 미성년자들만 생각해 보아도 그렇습니다. 그러나 국민이 뽑은 대표들은 충분한 토론을 거쳐서 국민들의 판단력과 정의감에 부합하는 지혜로운 결정에 도달할 수 있다는 것이 대표를 통한 민주주의의 전제입니다.**

국민 대표의 뜻이 언제나 국민의 뜻과 일치할까

국민이 뽑은 대표들은 국민 전체의 대리인으로서 그들의 정치 내용 또한 국민의 뜻에 따라야 할 것으로 보이지요. 그런데 이렇게 선출된 사람이 반드시 자신을 선출하여 준 사람의 뜻에 따라 정치를

** 이런 의회주의는 법원의 재판 과정에서 발달한, 소송의 적법한 절차를 입법 과정에 도입한 것이다. 소송 절차는 소송 당사자에게 반대신문권을 보장하여 충분히 공격과 방어를 할 수 있게 해 주고 합리적인 증거에 의해 논증이 이루어지도록 한다. 이런 과정을 정치적 결정 과정에 응용하도록 한 것이다. (이국운 《헌법》(책세상, 2010), 113~115쪽 참조)

할 의무는 없다는 것이 일반적인 견해입니다. 가령 슘페터(Joseph Schumpeter, 1883~1951) 같은 정치경제학자는 "유권자들이 일단 정치인을 선출하고 나면 그의 정치적 행위는 정치인 개인의 문제이지, 그를 선출한 유권자들의 문제가 아니라는 점을 이해해야만 한다. 이것은 유권자들이 그가 무엇을 할 것인가에 대해 명령하는 것을 삼가야만 한다는 의미이다"라고까지 말합니다.[29]

민주주의의 원리에 따라 대표를 뽑아 놓고도 그 대표는 자신들을 뽑은 국민들의 뜻에 따라 정치할 필요가 없다는, 앞뒤가 맞지 않는 이런 생각은 어떻게 나온 걸까요? 이런 생각의 배경에는 사회계약설 가운데 로크가 말한 주권의 부분적 양도설이 작용하고 있다고 합니다. 로크는 자유, 재산, 생명을 보호하기 위해 시민들은 국가에 주권을 부분적으로 양도했는데, 그중에서도 특히 재산권의 보호가 중요하다고 보았지요. 그래서 더 많은 재산을 소유한 사람은 잃을 것이 더 많으므로 다른 사람들의 자의적 간섭으로부터 더 많은 보호가 필요하다고 보았습니다.[30]

당시 재산을 가진 시민(부르주아)계급이 주로 정치인으로 선출되었는데요, 그들은 군주권을 대신하는 국민주권의 원리가 보편화되면서 가난한 사람들이 다수자로서 투표권을 행사할 뿐만 아니라 선출된 정치인이 의사를 결정하는 데까지 투표권자의 생각을 강요하게 되면 자신들의 재산권 보호기 어렵다고 생각했습니다. 말하자면 내중에 대한 자산가들의 두려움이 깔려 있었던 셈이지요. 그러므로 꼭 대표와 자신을 뽑은 국민들의 생각이 1:1로 대응할 필요는 없다는 논리를 세우게 된 것입니다.

이런 측면에서 보면 현재의 대의제도는 국민주권의 원칙을 적극적으로 행사할 수 있도록 만든 제도가 아니라 간접적으로만 행사하는 제도일 뿐이지요. 그런 의미에서 대의정치는 간접민주주의라 불리게 되었습니다. 대의제가 국민들의 의사를 제대로 반영하지 못할 수도 있기 때문에 나라마다 조금씩 직접민주주의 요소를 가미하고 있습니다. 중요한 법안이나 정책을 국민이 투표로써 직접 결정하게 하는 국민투표제, 국민이 직접 헌법개정안이나 법률안을 제안할 수 있게 하는 국민발안제, 국민의 의사에 의해 공직자를 해직시키는 국민소환제 같은 것입니다.***

오늘날 많은 정치학자나 헌법학자들은 국민들의 의사 참여가 보장되는 직접민주주의적인 요소나 시민들의 이해관계를 정책에 직접적으로 반영할 수 있는 풀뿌리민주주의로서의 지방자치제도를 더욱 강화해서 평범한 국민들에게 더 많은 권력을 주고 더 많은 참여를 가능하게 하려는 노력을 게을리 해서는 안 된다고 주장합니다.

실제로도 그리스처럼 작은 도시국가들도 아닌 현대 대부분의 국가에서는 주권자인 국민이 직접민주주의를 실현해 나가기는 어렵겠지요. 그래서 간접민주주의가 기능하게 된 이상, 이제 주권자의 주권을 어떻게 보호해야 하는지가 중요한 문제가 됩니다. 주권을 보호하

*** 우리나라에서는 이 중 헌법개정안에 대한 국민투표제, 대통령이 부의한 국가 안위에 관한 중요 정책에 대한 국민투표제, 지방자치단체장 등에 대한 주민소환제를 도입하였다.

기 위해 통치권자의 권력남용을 막고 주권자의 권리를 직접 헌법에 명시해야 할 필요가 나오는 것이지요. 권력남용을 막는 장치로 헌법에 도입된 것이 권력분립의 원리이고, 주권자의 권리를 직접 보호하기 위한 것이 헌법의 기본권 보호 조항입니다.

3. 헌법정신2 - 권력분립 원리 [31]

로크는 사유재산을 보호하기 위해서는 공통된 법률과 공통의 재판관이 있어야 한다고 생각하여 사회계약이라는 생각에 도달했습니다. 그러는 한편 로크는 사유재산을 보호하기 위해서 권력의 분립도 필요하다고 생각했습니다. 왕이 모든 권한을 가질 때 일어나는 일들을 명예혁명 이전에 이미 충분히 경험했기 때문이지요.

로크의 권력분립론은 2권분립론이라고 알려져 있습니다. 주권은 국민에게 있으며 그 아래에 입법권이 있고, 입법권 아래에 집행권과 연합권이 있어야 한다고 했습니다. 의회의 입법권을 행정부의 집행권보다 위에 둔 것입니다. 연합권은 전쟁·강화·동맹·외국과의 교섭 등 외교권을 의미합니다. 다만, 집행권과 연합권은 이론적으로는 구별되지만 실제로는 구별될 수 없고 분리될 수도 없다고 하였습니다. 결국 입법권과 집행권의 2권분립론이 되는 것입니다.

몽테스키외(Charles de Montesquieu, 1689~1755)는 로크의 권력분립론을 입법권, 집행권, 사법권의 3권을 분립하는 이론으로 발전시켰습니다.[32] "동일한 인간 또는 동일한 집정관 단체의 수중에 입법권과 집행권이 결합되어 있을 때에는 자유란 존재하지 않는다"라는 것이 그의 생각이었습니다. 만약 재판권이 입법권과 결합되어 있다면 재판관이 곧 입법자가 되기 때문에 시민의 생명과 자유를 지배하는 권력은 제멋대로가 되겠지요. 만약 재판권이 집행권에 결합되어 있으면 재판권은 압제자의 힘을 갖게 될 것입니다. 동일한 인간 혹은 단체가 이 세 가지 권력을 행사한다면 모든 것은 상실되고 말 것이라고 하면서, 시민의 생명과 자유를 확보하기 위해서는 이들 권력이 서로 분리되지 않으면 안 된다고 몽테스키외는 주장합니다.

또한 그는 입법부와 집행부 간의 견제와 균형을 강조하기도 했습니다. 만약 군주가 존재하지 않고 집행권이 입법부에서 선출된 몇 사람에게 맡겨진다면 자유를 보장할 수 없다고 봅니다. 마찬가지로 군주가 결정권을 가지고 입법에 참여해도 자유가 상실될 것이라고 합니다. 동일한 사람이 언제든 두 가지 권력을 다 차지해 버릴 수 있기 때문이라고 합니다. 또 집행권이 입법부를 제한하는 권리를 가지지 않을 경우 입법부는 다른 권력을 억압할 것이기 때문에 입법부를 제한하는 권리가 필요하며, 입법권은 그 만들어진 법이 제대로 집행되고 있는지를 검사할 권리를 가져야 하지만 직접 집행권에 참여하거나 집행권력을 재판할 권리를 가져서는 안 된다고 합니다.

몽테스키외의 이런 견제와 균형의 사상은 이후 근대국가 대부분의 헌법에 큰 영향을 미치게 되어 민주국가를 자처하는 나라들의 헌법에는 빠짐없이 자리 잡게 되었습니다.

몽테스키외의 3권분립

몽테스키외가 주장한 3권분립의 내용을 더 자세히 살펴보면 이렇다. 입법권은 단체로서의 국민이 소유하지만 큰 나라에서는 대표자를 통해 가질 수밖에 없으며, 다만 출생과 재산, 명예로 볼 때 뛰어난 사람들인 귀족단체는 별도로 구성되어 입법권을 행사해야 한다. 오늘날 상원과 하원으로 구분하여 양원을 의회에 두는 나라가 많은 것은 비록 귀족을 인정하는 것은 아닐지라도 구성 방법을 다르게 하는 의회제도가 필요하다고 하는 몽테스키외의 이런 생각에서 발전한 것이다.

집행권은 신속한 처리가 필요하므로 군주 한 사람에게 부여하는 것이 합리적이라고 했다. 사법권은 해마다 일정한 시기에 비상설로 설치되는 법정에서 시민단체로부터 선발된 자가 행사하는 것이 바람직하다고 했다. 중대한 공판에서 범죄인은 스스로 재판관을 선출하거나 많은 수의 재판관을 기피할 권리를 가져야 한다고 하여서 마치 오늘날 배심원을 선출할 때 선입견을 가진 사람을 기피할 수 있도록 하는 것과 유사한 주장을 하기도 했다. 재판소나 재판관이 상설법정에서 고정적으로 운영되어서는 안 된다는 주장이 독특한데, 몽테스키외는 사람들이 재판관직은 무서워해도 재판관은 무서워해서는 안 되기 때문이라고 설명한다. 지금의 관점에서는 이해하기 어렵지만 몽테스키외는 그리스의 도시국가 같은 조그만 공화국을 이상적으로 생각하므로 사람들이 두려워하는 형벌을 내리는 재판관의 권한을 제한하기 위해서는 그때그때 선출되어야 한다고 생각한 것이다.

그리고 재판관은 재판을 받는 피고인과 같은 신분의 사람이어야 한다고 한다. 자기를 해치려는 사람들의 수중에 빠져 공정한 재판을 받지 못한다고 생각하지 않도록 하기 위한 것이라고 한다.

4. 헌법정신3 - 기본권 보호 원리

신 앞에서는 모두가 동등하다

그리스인들은 보편적으로 인간들은 능력에 있어서 차이가 있으므로 모두 동등한 가치를 지닌 것은 아니라고 생각했습니다. 예컨대 일부 인간은 태어나면서부터 노예가 되도록 정해졌다는 겁니다. 여자에 대해서도 마찬가지로 태어나면서부터 남자들과 동등한 가치를 지니지 않는 인간으로 정해졌다고 보았습니다. 이런 생각은 스토아학파나 기독교시대를 거치면서 조금씩 완화되기는 합니다. 그들은 인간들 능력의 차이는 절대적인 것이 아니라 상대적인 것이고, 자연의 법칙이 아니라 제도적으로 만들어진 것이며, 신 앞에서는 동등한 가치를 지녔다고 생각했습니다.

이런 생각들은 사회계약설에 이르러서는 완전히 우위를 차지합니다. 사회계약을 위해서는 계약을 하는 사람들의 동등한 권리가 인정되어야 하기 때문입니다. 홉스가 리바이어던이라는 강력한 군주가 필요하다고 하면서도 그것은 혼란과 무질서의 자연 상태로부터 개인의 기본권을 보호하기 위해서 맺은 계약에 기초한 것이라고 본 것이 그 예입니다. 홉스는 모든 인간이 동등하며 태어날 때부터 주어진 자연권을 가진다고 하였습니다. 이러한 사상을 천부인권이라고 합니다. 즉, 하늘로부터 부여된 인권이라는 것이지요. 이러한 천부인권사상은 로크에게서도 마찬가지로 나타납니다. 국가 성립 이전의 자연 상태에서도 인간은 자연법의 지배를 받았으며 누구나 자연법상 인정되는 자연권을 누렸다는 것입니다.

이런 사상들은 근대 법정신이 되었고 각 나라의 헌법에 기본권을 보호하는 조항을 만들도록 작용하였습니다. 천부인권사상은 1776년 미국의 독립선언이나 1789년 프랑스 인권선언으로 널리 선포되어 헌법정신을 이해하는 중요한 요소가 되었습니다. 각 나라마다 보장되는 기본권의 종류, 보장 정도, 침해되었을 때의 구제방법 등을 달리하지만 대체로는 인간으로서의 존엄과 가치라는 이념 아래 행복추구권, 평등권, 자유권, 참정권, 청구권(기본권이 침해당했을 때 구제받을 수 있도록 하는 기본권), 사회권(인간다운 생활의 보장을 내용으로 하는 권리) 등이 인정되고 있습니다. 우리나라의 헌법도 제10조부터 제37조까지의 조문에서 기본권에 관하여 규정하고 있습니다. 영국의 명예혁명 당시의 권리장전이나 미국 헌법처럼 우리도 이 부분을 권리장전이라고 불러도 좋을 것입니다.

기본권 침해와 법적 구제

기본권 보호가 민주주의를 지키는 중요한 원리이지만 국민이 한없이 보호를 요구할 수 있는 것은 아닙니다. 자신의 기본권 행사가 다른 사람의 기본권을 침해한다든지 사회윤리나 공공복리를 침해하는 경우에도 한없이 허용될 수는 없으므로 국민의 모든 자유와 권리는 국가안전보장, 질서유지, 또는 공공복리를 위해서는 제한할 수 있습니다. 다만 그 경우에도 법률에 의해서만 제한할 수 있고, 자유와 권리의 본질적 내용을 침해할 수는 없습니다. 그러므로 법률에 의하지 않고 기본권을 침해하거나 법률에 의할지라도 본질적 침해가 있다면 그 침해는 허용되지 않습니다.

우리는 일상생활 속에서 억울한 일을 겪으면서 '이건 인권 침해야'라고 생각할 때가 종종 있습니다. 다른 말로 하면 '나의 헌법상 인정되는 기본권이 침해되었어'라는 것입니다. 그런데 자신의 기본권이 국가기관이나 다른 사람에 의해서 침해될 때에는 어떻게 구제받을 수 있을까요? 먼저 그 침해의 정도가 심해서 도저히 그냥 넘어갈 수 없겠다고 생각되면 침해의 상대방이 국가인지, 개인인지 살펴보고 그다음에 어떤 방법으로 구제받을 것인지를 생각해 봐야겠지요?

입법기관에 의한 기본권 침해라면 어떨까요? 입법기관이 법을 만들어 주지 않아서 직접적인 기본권 침해가 생겼다면 입법청원을 한다든지 입법부작위가 위법하다는 확인을 받는 행정소송을 한다든지 헌법소원을 낼 수도 있고, 그로 인한 손해배상청구를 하는 방법으로 구제받을 수도 있을 것입니다. 법률 자체가 직접 기본권을 침해하는 경우라면 법원을 거쳐 헌법재판소에 위헌심판을 청구하거나 헌법소원을 청구할 수 있습니다.**** 행정부에 의한 기본권의 침해는 그 침해의 내용에 따라 청원, 행정심판, 형사보상청구, 행정소송, 헌법소원

**** 입법부작위란 헌법에서 기본권 보장을 위해 법령에 명시적인 입법 위임을 하였음에도 입법자가 이를 이행하지 않은 경우를 말한다. 위헌심판은 국회가 만든 법률이 헌법에 위반되는가를 심사하여 헌법에 위반되는 경우에는 그 법률의 효력을 상실하게 하거나 적용을 거부하는 제도를 말한다. 법원이 헌법재판소에 제청하면 헌법재판소가 위헌 여부를 판단하는 구조로 되어 있다. 헌법소원은 헌법 위반의 법령이나 처분 등 공권력에 의해 기본권이 직접적으로 침해당한 사람이 그 법령이나 처분 등의 위헌심사를 헌법재판소에 청구하는 제도이다.

등의 방법으로 구제를 받을 수 있습니다. 사법부에 의한 기본권의 침해는 만일 재판에 의한 침해라면 상소나 재심제도를 이용하여 구제받아야 하며, 나머지 침해에 대한 구제는 행정부의 침해에 대한 구제와 별다르지 않습니다.

그런데 국가기관이 아닌 개인(단체 포함)이 다른 개인(단체 포함)의 기본권을 침해했다면 어떻게 될까요? 기본권 침해가 형법을 위반한 것이라면 형법으로 바로 처벌되겠지요. 예를 들어 사람을 때려서 다치게 했다면 신체의 자유를 침해하는 것이지만 형법상 처벌의 대상이 됩니다. 그러나 형법상 침해가 되지는 않지만 기본권의 침해가 되는 경우도 있을 수 있고, 형법상 처벌이 되더라도 민사상 배상이 필요한 경우도 있습니다. 치료비 같은 것은 형법상 처벌만으로는 해결되지 않기 때문입니다.

원래 기본권은 공권력에 대하여 보호를 요구하는 권리이므로 국가에 대한 권리입니다. 따라서 개인 간에는 효력이 없다는 주장도 있습니다. 만일 효력을 인정하지 않는다면 헌법상의 기본법보호규정의 의미는 반감되므로 일부 기본권은 개인 간에도 직접 효력을 인정해야 한다는 주장도 있습니다. 예를 들면 근로자의 단결권, 단체교섭권, 단체행동권 등입니다. 대부분의 기본권 규정은 직접 개인 간에 적용되지는 않으며 민법을 통해 간접적으로 적용된다는 주장이 대세입니다. 이를 기본권의 간접적 효력이라고 합니다. 직접적 효력이든 간접적 효력이든 개인과 개인 사이에 기본권 침해가 일어났을 경우에도 민사상으로 기본권을 침해하는 행위의 금지를 청구하거나 손해배상을 청구하는 것이 가능합니다.

5. 개인과 개인 간의 기본권 충돌 문제

어떤 권리가 더 무거운가

원래 기본권은 국가에 대한 개인의 권리라고 하였지요. 따라서 침해가 있으면 국가에 대해서 바로 그 시정을 요구하면 되기 때문에 충돌이라는 개념이 있기 어렵지요. 그런데 개인의 기본권들이 서로 부딪치게 되는 경우, 말하자면 충돌하는 경우에는 어떻게 해결해야 할까요? 그때는 서로 자신들의 권리를 조율할 방법을 찾아야겠지요. 가끔 사람들 사이에 언쟁이 생기거나 누군가가 다른 사람 때문에 억울함을 당하고, 피해를 입었을 때는 어떻게 하던가요? "법대로 해!" "소송 걸겠어, 소송!" 이런 말들이 튀어나오는 걸 본 적이 있지요? 처음엔 당사자들끼리 협의가 되었든 싸움이 되었든 조율을 하려고 하지요. 그러다가 어느 순간 말로는 안 되겠다는 순간이 옵니다. 그럼 그때는 이 일을 조정할 제3자를 찾게 되고, 그것이 바로 법이 되는 것이죠.

자, 이때의 법은 법의 여러 유형 중 민사법에 해당합니다. 민사법이란 개인과 개인 사이의 일을 다루는 법을 말합니다. 민법, 상법 등이 있지요. 이런 민사법을 토대로 해서 우리가 구체적으로 할 수 있는 소송의 예를 들면 기본권 침해행위 금지청구, 손해배상청구 등이 있어요. 내 기본권을 침해하지 말라고 요청하는 것이 전자이고, 너로 인해 내가 입은 손해가 이만저만하니 그만큼을 보상하라고 요구하는 것이 후자이지요. 물론 민사분쟁 대부분은 계약을 이행하지 않았거나 계약의 해석을 둘러싸고 당사자 사이에 견해가 다른 경우 계약대로 이행을 청구하거나 계약을 이행하지 아니하여 생긴 손해를 배상하라는 형태로 이루어집니다만, 넓게 보면 이러한 청구도 재산권이라는 기본권을 보장받기 위한 것으로 볼 수 있지요. 민사법에는 이외에도 가족, 혼인, 친족, 상속관계를 다루는 가사관계법 등이 있습니다.

민사법에 대응하는 법은 형사법이라 할 수 있습니다. 형사법은 사람의 생명, 신체, 재산 등을 침해하는 일정한 경우를 예상하여 미리 만들어 둔 처벌규정(이것은 법률로만 정할 수 있고 이것을 죄형법정주의라고 한다)을 말합니다. 형사법을 위반한 경우 국가가 형벌권을 행사하여 위반자에게 징역형이나 벌금형 등 형사처벌을 하게 됩니다. 민사법과 형사법은 그 성질이 다르므로 같은 사건으로 형사처벌을 받았다 하더라도 민사상 손해배상을 면할 수 없고, 민사상 배상을 하였더라도 형사상 처벌을 면할 수 없는 경우가 많습니다.

기본권이 침해되었다는 이유로 민사상 청구를 했을 때 서로 충돌하는 기본권 중 어느 기본권이 우선하는지가 명백하다면 법원과 판사는 별 어려움 없이 우선하는 기본권을 보호할 것입니다. 예를 들어 담배를 피울 수 있는 권리인 흡연권이 있습니다. 그에 대응해서 담배를 피우지 않는 사람이 (간접) 흡연으로부터 자유로울 권리인 혐연권이 있습니다. 두 권리가 충돌하여 서로 자신의 권리가 우선이라고 주장하는 소송이 있었습니다. 이때 헌법재판소는 누구의 권리를 보호했을까요? 헌법재판소는 이렇게 판단했습니다. "두 권리 모두 사생활의 자유를 핵심으로 한다. 하지만 혐연권은 사생활의 자유뿐만 아니라 생명권과 건강권에까지 연결된다. 그러므로 흡연권에 대해 혐연권이 더 우선적인 기본권이다."(헌법재판소 2004.8.26. 선고 2003헌마457 결정) 어떤 권리가 다른 권리에 대해 상대적으로 존중되어야 하는 이유가 분명한 대표적 경우이지요. 이럴 땐 두 기본권이 충돌하는 문제를 해결하는 일이 그다지 어렵지 않습니다.

두 권리 중 무엇이 우선인지 명확하지 않을 때

그런데 기본권 사이의 우선 관계가 명확하지 않을 때도 있고, 절대적으로 누구의 편을 들 수가 없는 때도 있어서 문제입니다. 이때에는 어쩔 수 없이 충돌하는 권리 모두가 최대한 존중되는 방법을 찾아볼 수밖에 없습니다. 그 방법은 이런 것입니다. 하나는, 각각의 권리를 보호할 때 구체적으로 어떤 이득이 생기는가, 그 이익들을 비교해 보니 어떤 이익이 더 크겠구나 따져 보아서 가급적 이익이 큰 방향으로 해결하는 것입니다. 비교적 명확한 것이긴 하지만 위에서 본 흡연권과 혐연권의 사례처럼 생명권이나 인격권을 우선으로 놓고 경제적·사회적 기본권은 2차적으로 보면 해결될 것입니다. 다른 하나는 두 권리 모두에 조금씩 제한을 가하는 것입니다. 서로가 조금씩 손해를 보고서 서로의 권리를 함께 지키는 방법이지요.

가끔 사람들이 신문사와 기자를 상대로 기사가 자신의 명예를 훼손했다고 소송하는 경우가 있지요. 개인의 인격권과 언론 기관의 표현의 자유가 충돌한 것입니다. 두 권리 모두 소중해서 누구의 편을 들기 어렵습니다. 이때는 두 기본권이 충돌한 구체적인 정황을 살펴보고 그 대목에서 누구의 권리가 침해당한 정도가 심한지 정해 보아야 합니다.

이런 유사한 경우가 실제로 있었습니다. 대법원은 다음과 같이 판결을 내렸습니다. "우리가 민주정치를 유지함에 있어서 언론·출판 등 표현의 자유는 가끔 개인의 명예나 사생활의 자유, 비밀 등 인격권의 영역을 침해할 경우가 있다. (언론·출판의) 표현의 자유 못지않게 이러한 사적인 법익도 보호되어야 한다. 그러므로 인격권으로서 개인의 명예를 보호하는 것, 그리고 표현의 자유를 보장한다는 두 법익이 충돌했을 때 그 조정을 어떻게 할 것인지는 다음과 같은 원칙에 따른다. 구체적인 경우에 사회적인 여러 이익을 비교하여 표현의 자유로 얻어지는 이익, 가치와 인격권의 보호에 의해 달성되는 가치를 서로 저울질하여 그 규제의 폭과 방법을 정해야 한다."(대법원 1988.10.11. 선고 85다카29 판결) 위 사건은 변호사를 상대로 손해배상청구소송을 하여서 승소한 사람의 수기를 어느 월간지에서 게재한 것이 문제 된 사건이었는데요. 그 내용이 왜곡된 것인데도 진실한 것인지 검토하지도 않은 월간지 측이 불법행위를 한 것이라고 해서 월간지 측 책임을 인정한 사건이었습니다.

누구의 자유가 더 우선인가

이런 원칙을 적용한 구체적인 사례를 하나 소개하겠습니다. 이 사건은 크게는 미션 학교와 그곳에 다니는 학생이 서로의 권리를 주장하며 충돌한 경우입니다. 미션 학교는 종교교육을 할 자유를 인정해 달라고 요구했고, 학생은 학교가 선교하는 종교를 믿지 않아도 될 종교의 자유를 인정해 달라고 요구했습니다. 조정하는 방법에 대해 분분한 의견차를 만들어 낸 이 사건이 어떻게 시작되어 여러 차례의 소송에 이르게 된 것인지 살펴볼까요.

A 고등학교에서는 입학식, 개학식, 졸업식 행사들을 모두 기독교식으로 진행한다. 찬송가를 부르고, 기도하며, 설교가 있다. 매일 아침 수업시간 전에는 담임선생님 주관으로 경건회가 진행되고, 매주 수요일에는 강당에서 1시간가량 수요예배가 열린다. 뿐만 아니라 학생들은 해마다 반별로 3박4일간 합숙을 하며 기도회, 촛불의식, 성경 읽기, 찬송 등으로 진행되는 생활관교육프로그램에 참석하고, 부활절에는 전교생이 부활절예배를 보며, 추수감사절 감사예배, 성가합창대회 등 기독교와 관련된 기념일에는 빠지지 않고 열리는 각종 행사에 의무적으로 참여해야 한다.

일단 A 고등학교에 입학한 학생들은 학교에서 열리는 각종 종교행사에 참석하지 않을 수 없다. 아침 경건회 시간에 참석하지 않으면 지각 처리되었고, 수요예배 시간에 참석하지 않으면 청소를 시키거나 체벌이 가해지기도 한다. 종교 과목이 교과목에 정식으로 편성되기도 했고, 학교생활기록부에 종교 과목 수업태도에 관한 선생님 의견이 기재된다.

A 고등학교에 입학하게 된 K군은 종교행사에 강제로 참석해야 하는 이런 상황을 받아들이기가 힘들었다. 원래 기독교신자가 아니었지만 처음 1년간은 열심히 학교 종교행사에 참석했다. 큰 소리로 찬송가를 부르는 등 적극성도 보였다. 학생회 임원이 되기 위해서는 교회에 1년 이상 다녀야 한다는 학칙이 있다는 것을 알고 학교에 근무하시는 교목선생님께 규정을 고쳐 달라고 건의했지만, 고치기 어렵다는 말에 교회에 1년 정도 다니고 3학년이 되어서는 학생회장이 될 수 있었다. 그러나 점차 학교에서 하는 각종 종교행사에 참여하는 것이 불편해졌다. 담임선생님께 예배에 참석하지 않겠다고 말씀드렸으나 담임선생님이 만류하였다.

그러던 어느 날 K군은 교내 방송실에 들어가 "수요예배 참석을 강요하는 것은 잘못이다. 앞으로는 수요예배에 참석하지 않겠다"는 내용의 교내방송을 하였다. 그리고 다시 "방금 방송한 내용은 개인적인 생각일 뿐 본인이 회장으로 있는 학생회와는 관련이 없다"고 2차 교내방송을 하였다. 담임선생님이 방송실 무단 사용은 잘못이니 학교에 사과하라고 하자 K군은 "나는 잘못이 없고, 잘못이 있다면 방송실 관리를 소홀히 한 학교측에 책임이 있다"고 소리를 질렀다.

그날 K군은 수업을 마친 뒤 자율학습을 하지 않고 학교를 나와 서울특별시 교육청 앞에서 1시간 동안 "헌법 제20조에 따라 모든 국민은 종교의 자유를 가진다. 그런데 학교에서는 예외다?!"라고 쓴 피켓을 목에 걸고 1인 시위를 했다. 학교에서는 학생선도위원회가 예정되어 있으니 부모님을 학교로 모시고 오라고 했다. K군은 "나는 아무런 잘못을 저지르지 않았는데 부모가 왜 학교에 죄인처럼 와야 하느냐"고 큰 소리로 담임선생님께 항의했고, 수업을 마친 뒤 다시 교육청 앞에서 1인 시위를 하였다.

학생선도위원회가 열리던 날, 담임선생님은 K군에게 "앞으로 학교에 적대적인 모든 대외활동을 중단하고, 학교에 사과하라"고 권유하면서 "만약 학교의 명예와 위신을 실추시키는 행동을 계속하면 다른 학교로 전학을 가야 할 수도 있고 하니 고등학교 3학년인 사실을 생각하라"고 충고했다. 하지만 K군은 이를 거절했다. 학생선도위원회에서는 전학을 권유하여 승낙하면 1주일 이내에 전학을 보내고, 거부하면 '교사에게 불손한 반항을 하거나 폭력을 가한 학생'을 징계하는 기준을 적용해 퇴학 처분을 하기로 결의했다. K군과 그 부모는 전학을 거부하여 K군은 결국 퇴학 처분을 받았다.

이후 K군은 퇴학 처분이 무효라는 소송을 제기하여 승소하였습니다. 그러자 K군은 학교로 다시 돌아올 수 있었고 대학에 진학했습니다. 그 후 K군은 학교를 상대로 다시 손해배상청구소송을 하였습니다.

제1심에서는 K군이 위법한 종교교육과 종교행사, 위법한 퇴학 처분으로 정신적 고통을 입었다고 인정하고 K군에게 해당 학교가 1500만 원의 위자료를 지급하라고 판결했습니다. 학교가 실시한 종교교육은 K군의 신앙의 자유 및 학습권을 침해했고, 이는 인격권 침해로서 불법행위가 된다는 이유였죠.

학교 측은 제1심의 판결에 대해 항소했고, 고등법원은 제1심의 결론을 모두 뒤집어서 종교교육은 물론 퇴학 저분노 불법행위가 되지 않는다고 판단했습니다. 종교행사를 실시하는 과정에서 학생의 자발적, 자주적인 의사가 충분히 존중되지 못했다 할지라도 종교교육의 동기 내지 목적, 종교교육의 전통에 비추어 보면 종교교육이 사회적인 허용 한도를 초과한 위법한 행위라고 평가할 수 없고, 퇴학 처분도 사회통념상 받아들일 수 없을 정도로 징계권을 남용한 것은 아니라는 이유였습니다.

K군은 다시 대법원에 상고했고, 대법원은 고등법원 판결이 잘못되었다는 결론을 내려 학교 측의 손해배상책임을 인정했습니다. 대법원은 이 사건이 학생의 종교의 자유라는 기본권과 학교 측의 종교교육의 자유라는 기본권이 충돌한 것으로 보았습니다. 종교교육이 비판의식이 성숙되지 않은 학생에게 일방적으로 주입되는 방식으로 행해진다면 그 자체로 교육 본연의 목적을 벗어난 것이 될 터입니다. 학생이 입게 되는 피해는 지속적이고 치유되기 어려운 것이 되고, 또 학생들이 입을 수 있는 피해에 대한 구제수단이 별달리 없다는 점도 고려해야 한다고 보았습니다. 그러므로 같은 종교의 자유라고 할지라도 학교 측보다는 학생 측의 법익이 좀 더 두텁게 보호되어야 한다고 판단했습니다.

이런 기준에 따라 학교가 행한 종교교육의 구체적인 내용과 정도, 종교교육이 일시적인지 아니면 계속적인지, 학생들에게 사전에 충분한 설명을 하고 동의를 구하였는지, 학생들이 불이익이 있을 것을 염려하지 않고 자유롭게 대체과목을 선택하거나 종교교육에 참여하기를 거부할 수 있었는지 등을 고려해 보면 이 사건은 학교 측이 학생의 종교의 자유를 침해한 종교교육을 했다고 판단된다는 것이 대법원의 결론이었던 것이지요.

이 사건에서처럼 기본권은 국가가 공권력을 행사할 때 그 본질적인 내용을 침해하지 않도록 보호해야 하는 권리이지만 개개인들끼리도 서로 지켜 주어야 하는 권리입니다. 다만 그 보호의 범위에 대해 생각이 다르거나 권리의 충돌이 있을 경우 법원은 어느 권리가 우월한지를 따져 보거나, 양쪽 기본권에 조금씩 제약을 가하는 방법을 찾는 작업을 하게 되는 것이지요.

6. 헌법의 적용 범위

대부분의 나라는 그 나라 국민의 선택에 따른 헌법을 최고법으로 가지고 있고, 그에 따라 국가의 통치가 이루어집니다. 통치의 대상은 그 나라 국민이죠. 그럼 국민의 범위는 어디까지일까요? 헌법 제2조 제1항은 "대한민국의 국민이 되는 요건은 법률로 정한다"이고, 제2조 제2항은 "국가는 법률이 정하는 바에 의해 재외국민을 보호할 의무를 진다"입니다. 이에 의하면 우리나라 국민은 비단 우리나라 안에 사는 우리나라 국적을 가진 사람만이 아니라 외국에 살고 있더라도 그 또한 대한민국 국민으로서 대한민국 헌법을 적용하여 보호를 받는 사람이라고 정한 것이지요.

그린데요, 우리는 다문화 사회에 실고 있지요. 거리를 지나다니면 수많은 외국인이 눈에 띕니다. 그것도 꽤 많요. 그 사람들이 만약 우리나라 국적을 가지고 있지 않다면, 그러니까 다른 나라 국적의 사람이라면 아마도 그들은 재외국민으로서 그 나라 헌법의 보호를 받고 있을 거예요. 하지만 또 의문이 듭니다. 내가 어디에 있건 내 나라 헌법의 보호를 받는다 할지라도 상황에 따라 내가 살고 있는 그곳에서 인간으로서 보호를 받아야 할 일이 생길 수 있을 것 같습니다. 간단히 외국에 여행을 간 상황을 떠올려 보면, 그곳에서 경찰들이나 공무원들 도움을 받을 일들을 생각할 수 있습니다. 그들은 자신들 헌법의 테두리 안에서 외국인도 일정한 범위까지는 보호를 하겠지요. 그런데 그 보호의 일정한 범위란 무엇일까요? 그리고 국민으로서의 보호와 인간으로서의 보호 중 무엇이 더 우선할까요? 헌법은 이에 대해 무어라 규정하고 있을까요? 이런 고민을 함께해 볼 법한 가상의 상황이 있습니다. 영화 〈아바타〉입니다.

영화 〈아바타〉와 나비족

본 분들도 많지요? 아바타는 2154년, 지구로부터 4.4광년 떨어진 행성 판도라(Pandora)를 무대로 하고 있습니다. '아바타(Avartar)'란 '내려오다'라는 뜻을 지닌 산스크리트어 '아바타라(Avatāra)'에서 나온 말입니다. 힌두교의 신(神)이 세상의 죄악을 물리치기 위해 이 땅에 나타날 때 인간 또는 동물의 형상으로 나타나는데, 이런 '화신(化身)'을 일컫는 말이라고 합니다. 영화 속에서 아바타는 인간과 판도라 행성의 토착민인 나비족의 DNA를 결합하여 만든 새로운 하이브리드 생명체를 의미합니다. 영화는 판도라에 온 지구인들이 자신의 아바타를 원격조종하여 원주민 나비족에 접근하면서 일어나는 사건들을 그리고 있습니다. 자연을 정복의 대상으로 보는 인간들과 자연을 경외의 대상으로 보는 나비족들의 모습은 매우 대조적으로 그려지지요.

여기서 상상력을 조금 발휘해 보기로 하지요. 만일 지구인들이 나비족을 우주선에 싣고 지구로 돌아왔다면 나비족들은 어떤 대우를 지구에서 받게 될까요? 만일 우리나라에 나비족들이 도착해 살게 되었다면 나비족들은 우리나라 헌법을 적용받게 될까요? 물론 나비족들이 우리나라에 귀화하기로 하고 우리나라에서도 국민의 자격을 부여하면 문제는 쉽게 해결되겠지요. 그러나 정착해서 살게는 하면서 국적은 부여하지 않는다면 나비족들은 헌법에서 보장하는 각종 기본권의 보호를 받을 수 있을까요?

나비족의 경우를 보기 전에 먼저 우리나라 헌법은 외국인들에게 기본권 보호를 인정하는지 살펴보겠습니다. 헌법은 대체로 기본권의 성질상 외국인에게 인정되어야 하는 것과 그렇지 않은 것으로 나누어서 보고 있습니다. 예컨대, 신체의 자유, 양심의 자유, 종교의 자유와 같은 기본권은 인정되지만, 공직을 맡을 수 있는 권리인 공무담임권, 선거권 같은 기본권은 제한되거나 인정되지 않습니다. 재판청구권, 국가배상청구권처럼 자신의 권리나 이익이 침해되었을 때나 침해될 우려가 있을 때 국가에 대해 적극적으로 어떤 행위를 요구할 수 있는 권리는 인정되지만, 인간다운 생활을 할 권리를 보장하기 위한 사회권은 대체로 제한을 받습니다. 인간의 권리와 국민의 권리로 나누어서 인간의 권리에 관해서는 폭넓게 인정하지만 국민의 권리는 경우에 따라 달리 보아야 한다는 것이지요.

그렇다면 나비족에게는 인간의 권리를 인정할 수 있을까요? 나비족은 키가 3미터가 넘고 운동 능력도 인간의 4배 정도 되는 것으로 설정되어 있다지요? 비록 과학기술은 지구의 인간보다 뒤지지만 자연과 영혼의 신비를 이해하고 소통하는 능력은 인간보다 훨씬 뛰어났고요. 이런 나비족을 우리나라에 온 외국인들과 같이 볼 수 있는 걸까요?

아미스타드호 사건

역사적으로는 1841년 미국에서 이와 비슷한 재판이 있었습니다.

재판이 있기 2년 전인 1839년, 스페인 노예선 아미스타드호는 53명의 아프리카인을 싣고 항해 중이었다. 아미스타드호에 탄 아프리카인들은 아프리카에서 노예상인들에게 붙들려서 쿠바까지 끌려왔다가 쿠바에서 일인당 450달러에 루이즈라는 상인에게 팔렸고, 다시 미국으로 노예를 밀수출하려는 아미스타드호에 실려서 쿠바의 아바나 항구를 떠나 미국으로 향하게 된 것이었다.

항해 중 선원들은 노예들에게 채찍질을 하고 식량과 물의 배급을 줄였다. 아프리카인 중 한 명인 싱베는 아미스타드호에 타고 있던 노예선원에게서 백인들이 자신들을 잡아먹을 것이라는 말을 듣게 되자 깜짝 놀랐다. 그냥 잡혀 먹히느니 싸우다 죽자라고 생각한 싱베는 팔 밑에 감추어 두었던 못으로 쇠사슬을 풀어내고 동료들과 함께 반란을 일으켰다. 이 과정에서 스페인 선원 2명, 요리사, 선장이 죽고 아프리카인 2명도 죽었다. 아프리카인들은 자신들 대신 배를 몰게 해서 아프리카로 돌아가려고 루이즈와 다른 백인 1명은 살려 두었다. 이 두 백인은 낮에는 아프리카로 가는 동쪽으로 항해했지만, 밤에는 서쪽으로 방향을 바꾸어서 조금씩 미국 땅에 가까이 다가갔다. 결국 배는 뉴욕항 가까이에서 멈추었고 해군 전함 위싱턴호에 의해서 싱베를 비롯한 아프리카인들은 체포되었다.

여기까지가 소송이 일어나게 된 배경입니다. 소송은 살아남은 백인 2명에 의해 이루어졌습니다. 그들은 고발장과 함께 아프리카인들에 대한 소유권을 주장하는 소송을 제기하였는데요, 아미스타드호에서 아프리카인들을 체포한 위싱턴호의 선장이 배와 화물(아프리카인들이 노예라면 인간이 아닌 화물로 분류되었겠지요.)을 찾아 준 데 대한 보상금을 청구하기도 했지요.

아프리카인들이 자신들의 것이라는 백인들의 청구에 관한 1심판결에서는 모든 범죄는 공해상에서 스페인 사람들과 아프리카인들 사이에서 벌어졌기 때문에, 미국은 형사사건을 재판할 권한은 없다고 하면서 나머지 문제에 대해서만 판단했습니다. 아프리카인들에게 자유인의 권리가 있음을 인정하고 그들을 아프리카로 송환해야 한다는 판결이었지요(위싱턴호의 선장에 대해서는 배와 화물가치의 3분의 1을 보상금으로 인정하였습니다).

2심판결도 같은 결론을 유지하게 되자 새판은 미국 연방대법원에 상고되었습니다. 대법원은 아프리카에서 자유롭게 살던 사람들이 납치되어 노예로 팔린 것이니 그들은 해적이나 해상강도가 아니라 희생자들이라고 선언하고 석방을 명령했습니다. 미국 정부가 이들을 아프리카로 돌려보내야 한다는 부분에 대해서는 아프리카인들이 결정해야 할 문제라고 판단했습니다. 2년 반 후 미국 국민들이 모금운동을 벌여서 돌아갈 비용이 마련되자 아프리카인들은 고향에 돌아가서 완전한 자유를 찾았다고 합니다. 미국 법원은 아프리카인들에게 미국시민들과 똑같이 인간으로서의 기본권을 인정한 것이지요.[33]

드레드 스콧 사건

이렇게 1841년의 아미스타드호 사건은 스페인 사람이 아프리카인들을 납치한 사례인데, 스페인도 아프리카도 아닌 미국 내 영토에서 아프리카인들의 자유권을 인정한 경우입니다. 그런데 1857년의 드레드 스콧 사건은 비슷한 상황에 대해 다른 이유로 상이한 판결을 내린 경우이기에 함께 소개합니다.

당시 미국은 미주리협정이라는 것을 만들어서 새로 연방에 가입하는 주를 북위 36도 30분을 경계로 그 이북은 자유주로 그 이남은 노예주로 가입시킨다고 정해 두었다. 노예주란 노예제를 인정하는 주이고, 자유주는 노예제를 인정하지 않는 주라는 뜻. 드레드 스콧은 당시 노예주였던 미주리주 군의관 주인의 흑인 노예였다. 그의 주인은 군의관이라는 직업상 미주리주 이외의 지역 또한 돌아다녔고, 드레드 스콧은 노예로서 주인을 따라다녔다. 그들이 함께 다녔던 곳 중에는 미주리협정에 의한 자유주도 포함되어 있었는데, 자유주에 있는 동안 스콧은 노예 신분에서 해방되어 자유인의 신분이 될 수 있었다.

스콧은 고향이자 노예주인 미주리에 돌아왔다. 그리고 자유주에 있는 동안 자신의 노예 신분은 무효였기 때문에 이제 자신은 노예가 아님을 인정해 달라고 소송을 내었고 미주리주 법원을 거쳐 미국 연방대법원의 판결을 받게 되었다.

이 소송은 이런 겁니다. 자신이 살고 있는, 말하자면 주민으로 소속된 곳에서 자신의 신분은 노예인 사람이 있습니다. 노예는 그 노예의 주인에게는 집이나 땅과 같은 사유재산이지요. 그런데 그 노예가 다른 주로 이동을 했습니다. 다른 주는 노예라는 신분을 인정하지 않는 자유주였죠. 그래서 그곳에서 노예는 노예라는 신분에서 벗어날 수 있었습니다. 그러자 그는 자신은 이미 노예라는 딱지를 뗀 것이니 이제 자신이 노예가 아님을 인정해 달라고 자기의 원래 고향인 노예주에서 소송을 내었던 것입니다. 여러분은 어떻게 생각하나요? 노예를 인정하는 그곳은 "맞다, 너는 이제 노예가 아니다"라고 그의 의견을 받아들여 줄까요? 아니면 "너는 이곳 사람이니 여전이 노예니라"라고 할까요?

1857년 3월 6일 연방대법원은 연방대법관 7 대 2의 다수의견으로, '1820년의 미주리협정은 북위 36도 30분 이북에 거주하는 백인들의 사유재산권(=노예)을 공정한 법 절차 없이 침해하고 있으며, 따라서 위헌'이란 판결을 하였습니다. "드레드 스콧은 주인 존 에머슨의 재산이고 자유의 몸이 아니다. 개인이 다른 주에서 노예가 아니라 해도 저절로 그 주의 시민이 되는 건 아니며 연방정부도 그러한 개인을 시민으로 인정할 의무가 없다. 노예주에서 노예는 주인의 재산이며, 사유재산은 신성하므로 헌법이 보호한다. 따라서 사유재산 침해 우려가 있는 미주리협정 등 노예에 관한 법률은 연방의회에서 통과됐다 해도 헌법에 어긋난다"는 이유였지요. 이 판결은 더는 노예제도 폐지론이 자리 잡지 못하게 하겠다는 의도가 담긴 판결이었는데, 그후 미국 사법사상 가장 잘못된 판결로 역사에 기록되고 있습니다.

논리적으로 생각하면 헌법이라는 것이 그 나라 국민에게만 해당되고 노예 스콧에게는 해당되지 않는다는 점에서 드레드 스콧 소송에 대한 연방대법원의 최종 판결은 적법하다고 볼 여지도 있었습니다. 그가 주민으로 속해 있던 곳의 법률에 따라 자신의 신분이 원상복귀 되어야 한다는 논리니까요. 때문에 국민이 따라야 하는 법이 그 나라 헌법이라는 차원에서 헌법에 근거를 둔 판결을 두고 법적으로는 비난할 수 없을는지도 모릅니다. 하지만 보다 큰 헌법정신, 말하자면 국민이기 이전에 인간으로서의 권리를 헌법으로 보장해야 한다라는 측면에서 볼 때 드레드 스콧 소송에 대해 내린 미국 연방대법원의 판결은 국민이라는 조건을 인간이라는 조건보다 더 상위에 두고 판결을 내린 것으로 해석할 수 있습니다.

그러나 이미 자유주에서 인간으로서의 권리를 인정받은 드레드 스콧이 다시 인간이 아닌 재산이 되어야 한다는 것은 이상하지요? 나아가 드레드 스콧 소송이 인간을 재산권의 대상으로 간주한 것 자체가 인간의 기본권을 보호하는 헌법정신에 어긋나는 것입니다. 헌법을 드레드 스콧 판결처럼 편협하게 해석한 것은 궁극적으로는 잘못된 해석이라고 할 수밖에 없습니다. 드레드 스콧 판결이 미국 연방대법원 역사상 최악의 판결로 꼽히는 이유가 거기에 있습니다. 우리가 헌법과 헌법정신에 대해 논하는 이번 장에서 아바타와 아미스타드호 사건, 그리고 드레드 스콧 사건을 언급하는 이유도 바로 이것입니다. 진정한 헌법정신이 과연 무엇인가 하는 문제가 헌법을 해석하는 기준이 되기 때문이지요.

이 판결은 연방대법원의 기대와는 달리 북부 주들을 중심으로 노예제도에 대한 반감을 폭발시켰습니다. 결국 이 사건은 1860년 링컨이 대통령으로 당선되고, 1861년 미국의 남북전쟁이 일어나게 되는 계기가 되었다고 합니다.

국민이 우선이냐 인간이 우선이냐

아미스타드호 사건에서 보자면 아프리카인들이라고 할 수 있는 나비족에게 우리의 헌법을 적용할 것인지 하지 않을 것인지의 문제는 우리 헌법의 정신이 나비족들을 기본권이 인정되는 인간으로 보는지 아닌지를 깊이 생각해 보아야만 답을 찾을 수 있는 것이겠지요. 미국의 대법원은 처음부터 노예가 아니었던 아프리카인들에 대해서는 인간으로서의 기본권을 인정하고, 처음부터 노예였던 드레드 스콧에 대해서는 인정하지 않았습니다. 미국 대법원의 역사상 가장 부끄러운 판결이라고 꼽히지만 당시 미국 헌법의 해석은 그렇다고 선언했던 것입니다. 헌법을 가지고 있는 대부분의 다른 나라들도 다르지 않습니다. 그 나라의 헌법정신에 따라 그 나라 국민들이나 그 나라에서 살고 있는 사람들이 인간으로서 기본권이 보호되는 범위가 결정될 것입니다.

그러나 나비족이나 아미스타드호에 갇혀 있었던 아프리카인들의 사례를 생각해 보면 반드시 우리나라 국민만을 우리 헌법정신의 보호 아래에 놓아야 할 것은 아닙니다. 우리나라 헌법이나 대부분 나라의 헌법이 대체로 외국인에게도 기본권의 성질상 인정되어야 하는 것에 대해서는 그 기본권상의 보호를 인정하고 있다고 앞에서 설명했지요? 국민주권이 확립되고 기본권 보호가 헌법의 가장 중요한 부분으로 된 긴 여정을 생각해 보면, 기본권 보호의 기본정신은 우리나라에 사는 외국인에게도 함께 적용되는 것이 당연하기 때문입니다.

4장

법률의 단계 구조와 그 변천 과정

1. 자연법과 헌법의 관계

지금까지 우리는 헌법과 헌법정신을 살펴보았지요. 법을 다루는 이 책에서 헌법과 헌법정신을 중요하게 살펴봐야 하는 이유는 뭘까요? 앞 장에서 보았던 '헌법'의 정의에 모든 답이 있습니다. 헌법이 '법의 법', 말하자면 법 중에서 '최고법'이기 때문이지요. 왜 최고법인지에 대해서, 그리고 최고법으로서 헌법이 담고 있는 정신이 무엇인지에 대해서는 이미 길게 이야기했기에 다시 반복하지는 않겠습니다.

헌법이 이렇듯 최고법이라면 그 밑에는 어떤 법들이 있을까요? 그리고 그 밑에 있는 법에도 여러 가지가 있을 터인데, 그렇다면 그들 사이에는 서로 순서가 있고 위계가 있고 단계가 있을까요? 비로 이것을 설명해 보려 합니다.

우리가 헌법을 가장 위에 두고 그 하위법들의 질서를 알아보기 전에 먼저 확인해야 할 것이 있습니다. 헌법이라는 말이 나오기 전, 사람들이 법에서 가장 중요하다고 생각하고 가장 우선했던 것이 있었을까? 그것이 무엇일까? 하는 질문이지요. 앞에서도 잠깐씩 언급했던 '자연법'이라는 말이 있었는데, 기억나나요? 지금 헌법은 법이라는 것이 무엇이고, 어떠해야 하는지 그 기초 정신을 담고 있다는 차원에서도 매우 중요하게 여겨집니다. 그렇다면 그 이전에 사람들이 법이라는 기초 정신을 담고 있어서 가장 중요하다고 생각했던 것은 무엇이었을까요? 그것이 바로 자연법이라 할 수 있습니다. 헌법은 바로 이 자연법과 긴밀한 연관성 없이는 탄생하지 못했기에, 이번에는 자연법에 대해 제대로 알고 넘어가 보도록 하지요. 그 둘의 관계를 이해하고 나면 헌법 아래에 있는 법들이 나름의 질서를 유지하는 방식 또한 자연스럽게 이해할 수 있을 것입니다.

자연법의 역사

'자연법'이라는 말이 처음부터 지금과 같은 의미로 사용되었던 것은 아닙니다. 로마 시대에는 자연법을 '모든 개별성과 특수성을 초월한 자연계의 이치와도 같이 영원불변한 보편적 법률'이라고 보았고, 여기에서 현실적이고 구체적인 법률이 유래한다고 생각했습니다. 황제의 명령권, 입법권 등의 권한이 원로원 같은 전통 기득권층의 특권을 초월하는 것임을 이론적으로 뒷받침하는 기능을 했던 것이지요. 그 후 천부적인 인권을 강조하는 근대법이 정착되면서 '자연법'이 다시 조명을 받게 됩니다.

벤담의 공리주의를 설명하면서 법실증주의를 잠시 언급했지요? 자연법을 설명하는 대목에서 대뜸 법실증주의를 꺼내는 이유가 궁금한가요? 앞에서도 설명했지만, 법실증주의란 법을 이론화하고 그것을 적용할 때 법 이외의 다른 요소, 이를테면 정치적·사회적·윤리적 요소들을 고려하지 않고 오직 법의 형식적 존재 자체를 가장 중요시하는 이론입니다. 말하자면 형식적으로 완성된 법이 아니고서는 다른 어떤 추상적이고 관습화된 사상을 법으로 인정하지 않는다는 것이지요. 그것은 우리가 지금 말하려고 하는 자연법을 배제하겠다는 것이었습니다. 벤담은 법 이외 다른 요소들이 사람들의 삶을 억압하는 것으로 작용한다고 보았고, 법이 단단하게 토대를 이루는 것이 사람들 행복을 위한 방법이라고 생각했던 거지요. 벤담을 비롯한 당시 이론가들이 보기에 사람들의 삶을 억압하는 요소 중 하나가 자연법, 말하자면 법으로 규정되지 않고 사상으로만 존재하는 자연법이라는 관념이었죠. 자연법이라는 관념은 그야말로 관념이었기 때문에 역사적으로 그것을 이해하고 해석하는 내용이 시대에 따라 다르게 변화되었습니다.

법의 역사에서 오랫동안 자리하고 있었던 자연법이라는 '관념'. 그것을 그리스 시대부터 살펴보겠습니다. 그리스 시대에는 사람들마다 능력의 차이가 있고 그래서 사람들이 지니는 가치가 서로 다르다고 생각했는데요, 그 근거가 바로 '자연으로부터의 법', '자연에 합당한 법', '자연에 따라 옳은 법'이라는 관념이었어요. 말하자면 어떤 사람은 능력이 없이 태어나고 그래서 가치가 덜하다, 어떤 사람은 월등한 능력을 가지고 태어나고 그래서 가치가 높다, 이러한 생각을 했는데, 그런 불평등은 자연이 그렇게 정했고, 그래서 만들어진 것이므로 정당하다는 생각이지요. 이때의 자연법은 사람들 사이에서 능력의 차이, 신분의 차이, 계급의 차이를 당연하게 바라보면서, 당시의 신분적 계급사회를 정당화하는 굳건한 요소로 역할합니다.

신을 가장 중시했던 중세기독교 사회가 되었습니다. 당시에는 자연법을 신이 만든 자연을 기초로 하는 신정법(신이 정한 법)이라고 생각했습니다. 우리가 서 있는 이 세계 모두가 신의 관할하에 이루어지고 있기에, 신이 정한 법이 바로 자연법이라는 것이지요.

16~18세기에 이런 중세의 기독교 질서에 반기를 들고 인간의 합리적인 이성을 중시했던 계몽주의 시대가 도래합니다. 이때에는 우주의 본질에 근거하고 이성에 의해 인식될 수 있는 어떤 객관적 규범 원리가 있다고 보았습니다. 절대적 신의 힘에 대하여, 이성으로 판단할 수 있는 '객관성'의 원리가 우위를 차지한 것이지요. 그것이 당시 사람들이 이해했던 자연법이고요. 주목할 것은 단순히 신의 질서가 자연법이라는 생각에서 더 나아가, 불평등을 인정한 그리스 시대 자연법과는 달리 인간이 동등하다는 쪽으로 한발 더 진보했다는 것입니다.

이런 세 시대만 보더라도 자연법을 바라보는 시각이 매우 다르다는 것을 알게 되는데요, 자연법을 비판하는 쪽이 지적한 점이 바로 이것입니다. '자연법'에 무엇이 담기는지가 명백하지 않다는 것이지요. 한 시대에는 인간이 동등하지 않다는 생각이 자연법이었는데, 다른 시대에는 인간이 동등하다는 생각이 자연법이라고 했으니까요. 그래서 어떤 이론가는 "모든 자연법 이론은 독특한 모호함을 가지고 있다. 이 모호함은 그 이론을 적용함에 있어 장점도 되고 단점도 된다. 장점은 원하는 어떤 것이라도 이를 뒷받침하는 자연법을 불러낼 수 있다는 점이다. 단점은 그러하다는 것을 누구나 알고 있다는 점이다. 그래서 종종 동일한 이슈의 양쪽에서 호출되었다"[34]라고 자연법을 비판했지요. 벤담이 법실증주의를 주장했던 이유도 조금은 이해가 되지요?

헌법 위에 있는 자연법

어쨌든 계몽주의 시대에 이르러 자연법은 국가가 제한하거나 침해할 수 없는 권리라는 지위를 얻었습니다. 자연법을 국가의 권리, 혹은 국가가 정하는 법에 대항하는 더 큰 무엇으로 활용한 것입니다. 예를 들어, 로크는 개인의 재산권을 천부의 권리라고 보았습니다. 내가 어디서 태어났든 그것은 내 고유의 권리이니 내가 속한 국가가 함부로 어떻게 할 수 없는 절대적 권리라고요. 이런 로크의 천부적 권리 사상은 미국 독립선언과 프랑스 인권선언의 지도 사상이 되었지요. 이렇듯 계몽주의 시대는 헌법이 모든 국가구성원의 권리와 의무를 기초로 하는 계약으로서 문서화되는 시기였고,* 자연법이 그 근거

---

* 실제로 메이플라워호를 타고 아메리카 대륙으로 건너간 사람들은 서약을 하고 성인 남성들이 자

가 되는 시기였습니다. 헌법의 상위 개념, 혹은 기초 개념이 바로 자연법이었다는 이야기지요. 이때의 헌법은 자연법에 대비해 실정법이라는 의미 또한 가지게 됩니다.

이런 역사적 과정을 거치면서 자연법은 상위법, 헌법(혹은 그 이름이 헌법이 아닐지라도)이라는 형식적 법은 실정법으로서 하위법이 되는 2단계 구조가 정립되었습니다. 그리고 이것은 헌법이 자연법을 포함하여 법의 정신으로도 이해된 이후에는 상위법인 헌법, 그리고 그 아래에 포진되는 법률이라는 2단계 구조로 변형된 것입니다.[35] 아직도 불문헌법을 가지고 있는 영국이 있으나 대부분의 나라에서는 성문헌법이 국가의 최고규범이 되었고, 헌법에 위반하는 법률은 위헌으로 무효가 되는 법의 단계 구조가 받아들여지게 된 것이지요.

자연법의 역사를 살펴보면 간접적으로 헌법이 어떻게 최고법으로서 굳건히 자리 잡게 되었는지를 가늠할 수 있습니다. 처음에는 헌법보다 우선하는 것이 자연법이었지만, 그런 과정 뒤에는 결과적으로 지금처럼 헌법이 다른 무엇에 우선하는 상위법이 되었지요. 기타 법률들은 상위법인 헌법에 근거하는 하위법이 되었고요. 헌법과 법률 간의 단계 구조는 이러한데, 법률과 법률 사이에서 우선되는 법이 따로 있을까요? 예를 들어 재산권과 평등권 모두가 중요하다고 우리는

신과 가족 이름으로 서명을 하였다. "개척지의 질서와 유지를 위해서 하느님과 서로의 앞에 엄숙하게 계약을 체결하며, 우리 스스로 민간 정치체제를 결정할 것을 결정했다. 이것을 제정하여 우리 식민지의 총체적인 이익을 위해 식민지 사정에 가장 잘 맞는다고 생각되는 정당하고 평등한 법률이나 직책을 만들어 우리 모두 당연히 복종하고 순종할 것을 약속한다"는 내용이었다. (위키백과, 메이플라워 서약 항목 참조)

알고 있는데, 그중 어느 권리가 더 중요하다고 말할 수 있을까요? 이번에는 그 얘기를 해 보고자 합니다.

2. 공법과 사법의 관계

공법과 사법은 어떻게 구분되나

《춘향전》의 춘향이. 이몽룡이 출세해서 돌아오겠다는 약조를 남기며 떠난 뒤, 오매불망 몽룡만을 기다리던 춘향이에게 기가 막힌 일이 벌어지지요. 새로 부임한 변 사또가 춘향에게 수청을 들라고 한 것입니다. 춘향은 자신에게는 정혼한 사람이 있으니 지아비에게 정절을 지키는 것이 여자의 도리라며 수청을 거부하지요. 변 사또는 허파가 뒤집힐 노릇이라며 노발대발합니다. 기생인 주제에(기생인지 아닌지, 논란이 있긴 합니다만) 수절 운운도 우습고, 사또의 명을 거역했으니 능지처참을 면치 못한다고 으름장을 놓지요. 그럼에도 춘향이가 고집을 꺾지 않자 변 사또는 곤장을 치라고 명합니다. 그래도 춘향이가 수청을 거부하니, 이번엔 그녀를 옥에 가두라 명하지요.

변 사또의 수청 요구가 벼슬아치로서 얼마나 해서는 안 될 짓인지, 수청을 거부한 춘향이에게 곤장을 가하고 그녀를 옥에 가두게 한 처사가 얼마나 부당한 일이었는지는 여기서 다루고자 하는 주제가 아닙니다. 우리가 주목할 것은 춘향에 대한 수청 요구와 그것을 거절했을 때 옥에 가둔 일 등이 민사사건인지 형사사건인지, 공법의 영역인지 사법의 영역인지 하는 것입니다. 설령 춘향에 대한 변 사또의 처벌이 사또 개인의 심정에 따른 것이라 할지라도, 사또라는 직책은 공직이고 그의 명은 국가 조직의 명이므로, 사또의 명을 거역한 춘향은 형사사건으로 처벌되어 옥에 갇힌 것으로 볼 수 있지요.

전통적으로 법을 내적으로 분류할 때 크게 공법과 사법으로 나눕니다. 공법은 국가의 조직, 국가와 국민과의 관계를 규율하는 법입니다. 헌법이 대표적인 공법이고, 형사법도 국가와 국민의 관계를 규율하는 법이므로 공법입니다. 민법, 상법 등 개인들 간의 관계를 규율하는 법이 사법입니다. 공법을 지도하는 원리가 헌법정신을 큰 틀로 하는 공공의 이익이라면, 사법을 지도하는 원리는 사적자치(개인의 신분과 재산에 관한 사법 관계를 각자의 의사에 따라 정하는 일)의 원칙입니다. 민사사건이 사법의 영역이라면, 형사사건은 공법의 영역으로 분류됩니다. 다시 춘향의 처벌을 예로 들자면, 춘향의 수청 거부 사건은 공공의 이익을 관할하는 사또의 명을 어긴 것이기에 공법의 영역에 해당되겠죠?

공법과 사법의 구별은 로마법 시절부터 해 왔다고 합니다. 그러나 이 구별이 일반적으로 인정되고 중요한 의미를 가지게 된 것은, 개인이 자유롭게 재산을 취득하고 계약을 체결하는 등 자유로운 법률 관계를 형성할 수 있게 된 근대에 이르러서입니다.

왕이 모든 권력을 쥐고 행사하던 근대 이전의 시절에는 공법과 사법이라는 구분이 큰 의미를 가질 수 없었습니다. 개인과 개인의 권리-의무 관계를 규율하는 법이 있고 재판도 있었지만 왕의 자의적인 권력 행사가 압도적이었기 때문에 사법은 큰 비중을 차지하지 못했던 것입니다. 마그나 카르타에서 귀족 계급이 신체의 자유와 동등한 비중으로 세금을 법률에 의하지 않고는 매기지 못하도록 하는 약속을 받아냈던 것을 보더라도 왕으로부터 재산을 지키는 일 자체가 중대한 과제였던 것을 알 수 있지요. 상대적으로 개인과 개인 사이의 재산권 보호 문제는 당시에는 중요한 문제가 아니었다고 볼 수 있습니다.

공법에 우선하는 사법

시민계급이 성장하여 사적자치를 요구하는 목소리가 높아 간 반면, 독립한 경제활동을 하는 데 익숙지 않았던 귀족계급의 권한이나 재산은 점점 줄어들어 갔습니다. 그와 함께 인간은 태어나면서부터 자유롭고 평등하다는 천부인권사상이 널리 퍼지고 개인은 그 자유로운 영역에서는 국가 권력의 간섭이나 침해를 받지 아니한다는 개인주의와 자유주의 사상이 최고의 가치로 대두되었지요. 프랑스 인권선언, 미국 독립선언을 거치면서 20세기 파시즘과 전체주의가 전면적으로 대두되기 전까지는 이러한 사상이 근대를 지배했습니다. 공법에 대한 사법의 우위라고도 할 수 있습니다. 국가는 개인의 자유로운 활동을 보호하는 야경국가면 충분하다고 생각되었고요.

야경국가란 국가의 임무를 국방과 외교, 치안 유지 등 개인의 자유와 사유재산을 보호하기 위한 최소한의 활동으로 한정하는 국가입니다. 현대 복지국가 이전에 나타난 자본주의 초기 국가 형태를 가리키는 말로 이해할 수 있습니다.

아담 스미스, 리카도 등이 체계화한 영국의 자유방임주의 경제사상은 정부의 개입을 최소화하고 시장의 자율적인 활동을 최대한 보장해야 개인과 사회의 발전을 이룰 수 있다고 보았습니다. 절대왕정시대와 같은 국가의 지나친 개입에 반대하고, 국가는 개인의 자유로운 경쟁을 보장하고 그 과정에서 축적되는 사유재산을 보호하는 최소한의 기능만을 수행해야 한다는 생각이 야경국가라는 개념을 낳은 것이지요.

이러한 자유방임주의 국가관은 신흥 부르주아계급의 자유로운 이윤 추구를 정당화하기 위해 형성되었습니다. 당시 영국이 자본주의 발전을 앞장서 이끌며 세계 시장으로 팽창해 가고 있었고, 자유방임주의는 이런 영국이 세계 시장으로 자유롭게 팽창하는 것을 정당화하고 합리화하는 역할을 했지요.

자유방임주의 시대를 대표하는 영국의 소설가 찰스 디킨스가 쓴 《어려운 시절》은 공리주의를 비판하는 소설이기도 하지만, 야경국가를 이상으로 하던 시대의 모습을 선명하게 보여 주고 있기도 합니다. 이야기는 크게 두 가지 흐름으로 전개됩니다. 의회의원이면서 학교를 경영하는 그래드그라인드와 그 가족 및 그래드그라인드의 친구인 바운더비를 중심으로 한 이야기가 한 축, 바운더비의 공장에서 일하는 노동자 스티븐을 중심으로 한 이야기가 또 다른 축입니다. 그래드그라인드와 그 가족의 이야기는 공리주의를 비판하면서 소개했지요? 여기서는 국가가 최소한의 역할만을 할 것으로 기대되었고 제대로 된 노동운동도 자리 잡지 못하던 시절에 노동자 스티븐이 마주친 초기 자본주의 모습을 살펴보기로 하지요.

스티븐은 평생을 직조공으로 일하지만 가난과 어려움에서 벗어나지 못합니다. 아내는 결혼하자마자 술에 빠져서 가사를 팽개치고 살림을 팔아 술을 마시며 떠돌아다니는데요, 가끔 집에 나타나는 것은 돈을 얻기 위해서입니다. 스티븐은 이런 아내와 이혼할 방법을 찾기 위해 공장 소유자 바운더비를 찾아가 상의를 했는데, 이혼을 하기 위해서는 막대한 소송비용이 들어 어렵다는 말을 듣고 좌절하게 되지요. 뒤늦게 레이첼이라는 직장 동료를 만나 사랑을 키우지만, 자신이 이혼할 수 없는 처지임을 깨닫고는 레이첼을 위해 헤어지기로 마음먹습니다. 노동조합에 가입하라는 권유를 거절하자 동료들로부터 따돌림을 받고, 그나마 다니던 공장도 그만둘 수밖에 없게 된 스티븐은 직장을 구하러 떠돌아다닙니다. 그러다 어이없는 죽음을 맞이하게 되고요.

스티븐이 살며 일하는 코크타운이라는 도시. 디킨스는 이 가상의 도시를 이렇게 묘사합니다. "그곳은 높은 굴뚝의 도시. 그 높다란 굴뚝에서 나오는 연기는 뱀처럼 끊임없이 기어 나와 절대 풀어지지 않았다. 검은 운하, 지독한 냄새를 피우는 자줏빛 염료로 물든 강, 바깥에서 보면 창들이 가득 메웠지만 안은 종일 덜덜거리는 소리로 가득 찬 건물들, 우울증으로 미치광이가 된 듯한 코끼리 머리 같은 증기기관에서 지루하게 끊임없이 위아래로 움직이는 피스톤, 그것들이 이 도시를 채우고 있었다. 꼭 닮은 거리, 그곳을 같은 시간에 같은 소리를 내며 출퇴근하는 꼭 닮은 사람들. 그들에게 오늘은 어제이고 내일이었다. 그들에게 올해는 작년이고 내년이었다."

'사람도 공간도 시간도 모든 것이 똑같고 정지된 도시', 디킨스가 묘사한 당시 도시의 풍광입니다. 코크타운은 근대 산업 시대 도시의 상징이고, 스티븐은 이런 기계와 같은 도시를 구축하고 있는 수많은 조립품과 같은 공장 노동자의 상징이지요. 산업혁명의 발달로 공장이 들어서는 도시, 그곳에 귀족들 장원에서 일하던 농노들이 유입되어 공장에서 일하던 시절은 가혹했습니다. 그때는 어린이와 여성에게 시간의 제약이나 연령의 제한이 없는 노동이 요구되고 산업재해가 일상적으로 일어나던 시절이었지요.

사법상의 법률 관계에는 국가가 개입하지 않는다는 사적자치 원칙이 철저하게 지켜지면서 왕이나 국가의 착취가 자본가들의 착취로 바뀐 것에 불과하다는 것이 잘 드러나는 광경이지요. 노동시간의 제한이나 어린이 등 노약자 보호 문제는 그보다 훨씬 뒤에야 사회 문제로 부상됩니다. 우리는 사법이 공법에 우선하게 된 배경으로 국가에 대항하는 일반인들의 권리가 훨씬 더 중요해진 상황을 앞에서 확인했습니다. 그로 인해 국가의 역할은 개개인의 경제활동 및 사유재산을 보호하는 차원에만 그쳐야 한다는 쪽으로 바뀌었지요. 그것이 야경국가라는 개념을 만들어 내었고, 이는 근대 산업 시대, 즉 초기 자본주의 시대의 전반적 분위기였습니다. 공법보다 사법이 중요히 다뤄지게 된 배경이지요.

사법에 우선하는 공법

그런데 19세기에 자본주의가 독점과 제국주의 단계에 들어서면서
자유방임주의 국가관은 점차 그 기반을 잃어 갔습니다. 더구나 20세
기에 접어들면서, 국가는 점점 더 사적자치만을 내세워 사회를 방치
하여 둘 수 없게 되었습니다. 앞의 《어려운 시절》을 통해 알아본 것처
럼, 자유방임주의 국가관은 개개인들 사이에서 생기는 문제들, 대표
적으로 자본가 집단과 노동자 집단 사이에서 나오는 갈등과 불평등
의 문제를 해결할 수가 없었습니다. 경제적으로 또 사회적으로 힘이
없는 수많은 개개인들은 자신들의 권리를 찾아 줄 또 다른 무언가를
찾게 되었던 것입니다. 또한 사회집단이 다양해지고, 보통선거권의
확대로 국민의 정치 참여가 늘면서 행정부 권한과 기능도 꾸준히 확
대되었습니다.

사적자치 영역으로 평가되었던 지점에도 국가가 개입하여 간섭을
하지 않을 수 없게 된 것입니다. 국가의 경제적 역할도 강화되었지만
자유권의 보완 내지 수정으로서 사회권 사상이 나타난 것이지요. 이
를테면, 스티븐이 공장에서 죽도록 일하고 쥐꼬리만 한 월급을 받을
때, 회사의 부당한 해고로 실직 상태가 될 때, 그것이 부당하다고 판
단해 주면서 회사를 상대로 개인의 권리를 되찾게 하는 또 다른 강력
한 힘이 필요해진 것이지요. 그것이 바로 '사회권' 사상입니다. 그리
하여 20세기에는 국민의 삶의 질을 향상시키기 위해 국가가 적극적
으로 노력하고 개입해야 한다고 보는 '복지국가' 국가관이 중대하게
대두되었지요.

사회권이 구체적인 권리인지에 대해서는 여전히 많은 논의가 있습니다. 사회권은 헌법에 규정되었다고 바로 확정되는 권리가 아니라 헌법 규정을 구체적으로 만드는 별도의 법률을 필요로 하기 때문입니다. 예를 들어 헌법에서 "국가는 노인을 위한 정책을 실시할 의무를 진다"(제34조 제4항)라고 규정하고 있지만, 이 규정만으로는 노인들의 구체적인 권리가 나오지 않습니다. 이 규정에 근거하여 연금지급에 관한 법을 만들어야만 연금수급권이 생기게 되는 것이지요.

우리나라는 "모든 국민은 인간다운 생활을 할 권리를 가진다"라고 헌법 제34조 제1항에 사회권의 원칙을 명시했지만, 그 자체로 구체적 내용은 보장하지 못하고 있지요. 실제로도 사회권은 나라의 경제 수준이나 민주주의의 발전 정도에 따라 그 보장의 정도가 조금씩 다릅니다.

남아프리카공화국 헌법을 만든 알비 삭스 남아프리카공화국 헌법재판관은 이 문제를 헌법에 어떻게 담을 수 있는지를 고심하던 중, 유명한 미국 법철학자인 로널드 드워킨과 나눈 대화를 소개하고 있습니다.

알비 삭스   광범위하고도 구체적인 경제적·사회적 권리를 기본권으로 헌법에 포함시키는 것이 적절한 것일까?

드워킨   동등한 보호야말로 가장 강력하고 원칙적인 수단이다.

<small>(즉 모든 사람을 동등하게 보호해야 하는 기본권의 인정으로 충분할 뿐 구체적인 경제적·사회적 권리를 헌법에 포함시키는 것은 적절하지 않다.)</small>

그러나 알비 삭스는 "남아프리카공화국은 인종차별 정책에 의해 많은 사람이 어쩔 수 없이 불평등 속에서 살아야 한다. 동등한 보호가 새로운 흑인 중산층의 등장에는 기여하겠지만, 극도로 가난한 사람들에게는 동등한 보호만으로 그들의 인간으로서의 존엄성을 지키기 위한 충분한 수단이 제공되었다고 할 수 없다"라고 생각합니다. 그런 생각 때문에 남아프리카공화국 헌법에는 "모든 사람은 적당한 주거를 이용할 권리를 가진다", "국가는 가용자원의 범위 내에서 이러한 권리를 점진적으로 실현하기 위해 적절한 입법조치 및 기타 조치를 취해야 한다", "누구도 법원이 모든 정황을 고려한 후 내린 명령에 의하지 않고 자신의 주택에서 쫓겨나거나 그 주택이 철거되는 일을 당하지 않는다. 어떠한 법률도 자의적인 철거를 허용할 수 없다"라는 제26조가 담겨 있습니다.[36] 가난한 사람들의 집이 함부로 철거당하지 않도록 하는 조항을 아예 헌법에다 규정해 둔 것이지요.

제3세대 인권

체 코 출신의 프랑스 법학자 바자크(Karel Vasak)는 1979년 제1세대 인권, 제2세대 인권, 제3세대 인권이라는 말을 처음 쓰기 시작했다. 프랑스혁명의 기조 '자유 · 평등 · 박애'에 따른 것이다. '제1세대 인권'은 '자유'와 관계되는 것으로서, 시민적 · 정치적 권리를 말한다. 자유권, 선거권 등 각종 정치적 권리, 신속한 재판을 받을 권리, 공정한 재판을 받을 권리 등이 포함된다. '제2세대 인권'은 '평등'과 관계되는 것으로서 사회적 기본권(사회권)이 모두 여기에 해당한다. '제3세대 인권'은 '박애'와 관계되는 것으로서 환경권, 평화적 생존권 등이 여기에 속한다. 자유권, 참정권이 주로 보호되던 자유방임의 시대에서 복지국가의 시대로 넘어오면서 사회권, 환경권 등에로 인권 보장의 폭이 점점 더 넓혀져 왔음을 알게 해 주는 용어다.[37]

사회권을 헌법에서 가장 먼저 보장한 나라는 멕시코지만, 가장 유명한 헌법은 1919년 독일 바이마르공화국에서 만들어진 바이마르헌법이다. 바이마르공화국은 1차 세계대전 말기에 시작된 독일 11월 혁명에 의해 빌헬름 2세가 폐위된 이후 1919년부터 1933년까지 존속한 독일 역사상 최초의 공화국이다. 바이마르에서 소집된 국민의회가 계기가 되어 바이마르공화국이라고 불렸으며, 정식 국명은 독일국이다. 이 공화국은 시민 투쟁에 의해서라기보다는 패전한 군부가 권력을 독일 사회민주당에 넘기면서 성립되었으나, 좌익과 우익 모두로부터 공격을 받아 그 기반이 매우 취약하였다. 1929년 경제 대공황을 겪은 후 1933년 힌덴부르크 대통령이 히틀러를 내각 수반으로 임명함으로써 사실상 와해되었고, 1934년 8월 2일에 힌덴부르크가 대통령직을 유지한 채 사망하자 8월 18일 히틀러가 총통에 취임하면서 결국 사라졌다.

바이마르공화국은 이처럼 취약하여 히틀러의 제3제국에 그 자리를 내주었지만, 바이마르헌법은 새로운 시도를 많이 하고 있어서 그 이후 제정된 다른 나라 헌법에 많은 영향을 끼쳤다. 바이마르헌법은 모든 국민에게 인간다운 생활을 보장해야 한다는 한계 내에서 경제적 자유를 보장한다고 규정하였다. 사적자치의 원칙에 대한 제약을 시도한 것이다. 우리나라 헌법에서도 바이마르헌법을 본받아 인간다운 생활을 할 권리, 교육을 받을 권리, 근로의 권리와 최저임금수령권, 근로3권, 사회보장수급권, 환경권 등을 규정하고 있다.

공법과 사법의 융화 현상

이러한 사회권의 구체적인 실현을 위해 기업과 근로자의 관계를 규율하는 근로기준법이나 노동관계법을 만들어 근로조건의 기준을 정한다든지 노동자의 단체활동권을 보장한다든지 하는 법률들, 그리고 각종 사회보장 관련 법률들, 환경권 관련 법률들도 다수 제정되었습니다. 그에 따라 사적자치의 원칙도 많이 수정되어서 사적자치 영역에도 국가가 관여하는 부분이 많아졌습니다. 사적자치의 원칙을 그대로 관철시키면 계약 당사자들 사이에서 힘의 불균형이 지나치게 클 경우 한쪽 당사자의 인간다운 생활을 할 권리 자체가 보장되지 않을 수 있기 때문입니다. 특히 사용자와 피용자 사이의 관계를 규율한 각종 노동관계법들이 대표적인 예입니다.

고용계약은 본래 사법상 계약관계이지만 근로기준법에서는 "사용자는 근로자가 사망 또는 퇴직한 경우에는 그 지급 사유가 발생한 때부터 14일 이내에 임금, 보상금, 그 밖에 일체의 금품을 지급하여야 한다"든지, "임금은 통화로 직접 근로자에게 그 전액을 지급하여야 한다", "임금은 매월 1회 이상 일정한 날짜를 정하여 지급하여야 한다"는 규정을 두고 있고 이를 위반한 경우 형사처벌을 할 수 있게 하는 등 국가가 개입을 하고 있습니다. 이런 영역에서는 공법과 사법의 구별이 무의미해졌고 공법과 사법이 합쳐졌다고 합니다.[38] 이처럼 주로 사회법 영역에서 공법과 사법의 융화현상을 볼 수 있습니다.

재산권 보호가 국민주권 원리의 가장 기본적인 것이라고 생각하는 사람들은 경제적 자유가 가장 중요한 기본권이라고 생각합니다.

자유권과 재산권이 보호되지 않으면 국민주권 원리를 지킬 수 없다는 것입니다. 반면 법치주의가 형식적인 데 그치지 않고 실질적인 법치주의를 지향해야 한다고 주장하는 사람들은 사회복지를 더 강화해 나가야 한다고 봅니다.

21세기는 신자유주의의 시대로 시작했지요. 20세기의 복지국가 국가관이 다시 도전을 받아 야경국가에 준하는 신자유주의가 대두한 것이지요. 미국을 중심으로 한 거대 다국적기업과 금융회사가 세계경제를 지배하여 세계자본주의를 이루었다고들 했습니다. 그러나 2007년 미국에서 금융회사가 일으킨 거품이 꺼지는 사태가 발생했습니다. 금융회사로부터 대출을 받아서 주택을 산 사람들이 부동산 거품이 꺼지자 대출원리금을 갚지 못하게 되면서 금융기관이나 증권회사들이 연쇄적으로 파산하게 되었던 것이지요. 미국의 금융위기는 곧 세계의 금융위기로 번져 가서 전 세계의 경제를 위협하고 있습니다. 이에 따라 거대 다국적기업과 금융이 지배하는 경제제도를 고쳐 나가야 한다는 주장이 강하게 대두되고 있습니다. 우리나라에서도 경제민주화라는 이름으로 논쟁이 벌어지고 있습니다. 자유시장경제체제에서 생기는 빈부격차를 줄이기 위해서 '부의 편중'을 막기 위한 조치와 저소득층에 대한 복지가 국가 차원에서 확대되어야 한다는 주장입니다.

헌법의 복지국가 원리를 어떻게 실현시킬 것인지는 사회권의 보호를 얼마나 할 것인지에 달려 있습니다. 복지라는 개념 자체가 자본주의 발달로 인해 생기는 불평등을 완화하고자 생겨난 것입니다. 그렇게 본다면 자본주의가 심화되어 갈수록 사회권을 구체적으로 보호하기 위한 입법과 행정이 더욱 적극적으로 이루어져야 하는 것은 아닐까요? 3부에서는 이 문제와 연관되어 있는 실질적 법치주의의 문제를 좀 더 깊이 살펴보기로 하지요.

법치주의와 법 실현의 시스템

1장

정의는 법에 어떻게 구현되나

'법대로 하자!'

때로 부부 싸움을 하다가도, 층간 소음이나 주차 공간 확보를 위해 이웃끼리 싸움을 하면서도, 가까운 사이에 티격태격 말다툼을 하면서도, 자기의 주장이 받아들여지지 않으면 우리는 씩씩거리면서 "법대로 하자"는 말을 거침없이 뱉어 냅니다. 우리나라의 법이 그래도 신뢰할 수 있다고 사람들이 믿는구나, 라고 해 버릴 일은 아니지요? 오히려 사람들은 법을 이기고 지는 문제라고 오랫동안 생각해 왔음을 알 수 있지 않나요? 자신이 옳다는 것을 기어이 증명해 보이려고 법이라는 것을 끌어들이는 거지요. 법을 객관적인 제3의 존재, 심판관이 적용하는 가장 강력한 기준이라고 생각하기 때문이지요.

앞에서 살펴보았듯이 법은 원래 군주나 지배자를 위한 것이었습니다. 그러다가 주권이 국민에게 있다는 국민주권의 원리가 확산되면서 주권자인 국민의 기본권 보장, 인간다운 생활을 할 권리의 보장 등으로 법의 역할에 대한 생각이 점점 발달해 왔습니다. 규제나 억압의 도구에서 자유를 지키고 기본권을 지키는 도구로서의 역할로 조금씩 변화된 것이지요. 그 과정에서 2세대 인권이라는 사회권도 중요한 기본권으로 대두되었습니다.

현대에 와서 법은 이제 '당신이 옳고 상대방은 틀렸다'라는 식의, 정의를 선언하는 역할에만 머무르지 않게 되었습니다. '당신은 55퍼센트 옳고, 상대방은 45퍼센트 옳다'는 식의 정의를 선언하는 경우도 많이 있고, '당신도 옳고 상대방도 옳지만 다른 이유로 당신의 주장은 받아들이지 않는다'는 판단을 할 때도 생깁니다. 법이 이기고 지는 문제를 선언하는 것이 아니라 선을 긋는 역할을 하는 경우가 많아지는 것입니다. 그리고 한번 그어진 선은 조금씩 희미해지다가 어느 날 그 형체조차 찾기 어려워지기도 하고, 시대가 변하고 사람들의 생각이 변하는 데 따라 다시 선을 그어야 할 필요가 생기기도 합니다. 그 선이 조금씩 옮겨 간다고 해서 정의의 관념 자체가 무너지는 것은 아닙니다. 다만 시대에 따라 변화해 가는 것이지요. '법은 불변한다'는 생각은 이제 더는 불변하는 생각이 아닌 것이지요.

그러므로 정의에 대한 추상적인 생각을 구체적인 사건에 대입시켜 판단하기는 매우 어렵습니다. 이런 역할은 주로 판사가 하도록 되어 있지만, 판사가 한 판단의 정당성은 어떻게 뒷받침되어야 하는지의 문제도 때로 제기됩니다. 결국 법치주의가 정당하려면 그것이 어때해야 하는지로 돌아가서 곰곰이 따져 볼 수밖에 없습니다.

우리는 2부에서 정의의 개념과 그 뜻이 변화되어 온 역사, 그리고 정의와 법과의 관계를 알아보기 위해 헌법정신까지 살펴보았지요. 그렇다면 구체적으로 법에 정의가 어떻게 구현되는지 궁금하지 않을 수 없습니다. 그것은 이제 우리의 삶과 맞닿은 문제니까요. 3부는 바로 이 이야기에 관한 내용입니다.

1. 어떤 법치주의가 정당한 법치주의일까

사람이 다스리는 '인치'

법치주의란 말 그대로 사람에 의해 다스려지는 것(人治)이 아니라 법에 의해 다스려진다는 의미입니다.

조선 시대 임금님 한 분을 떠올려 보지요. 폭군으로 유명했던 연산군입니다. 연산군은 1494년부터 1506년까지 12년간 왕위에 있었습니다. 그동안 그는 두 차례나 큰 옥사를 일으켰습니다. 1498년의 무오사화와 1504년의 갑자사화가 그것입니다. 그중 갑자사화는 사치와 향락 때문에 재정난이 심각해진 연산군이 적자를 메우려고 재상들의 토지를 몰수하려 하자, 재상들이 이를 막아 보려다 변을 당하게된 사건입니다. 알려진 배경은 이렇습니다. 연산군의 아버지 성종의비(妃)이자 연산군의 생모인 윤씨가 1479년(성종 10년)에 폐서인(벼슬이나 신분적 특권을 빼앗겨 서민이 된 사람)이 되었다가 결국 다음 해에 사약을받고 죽임을 당했습니다. 성종의 뒤를 이어 즉위한 연산군이 후에 이 사실을 알게 되자 이 사건에 관련된 성종의 후궁과 그 아들들을 죽이거나 귀양을 보내고, 이어서 당시 윤씨 폐위를 주장한 사람이거나 방관한 사람들을 모조리 찾아내어 죄를 물었습니다.

표면상으로 이 사화는 생모 윤씨의 폐위, 사사(賜死, 죽일 죄인을 대우하여 임금이 독약을 내려 스스로 죽게 하던 일) 사건에 대한 복수처럼 보입니다. 하지만 그 내막은 사치와 향락으로 인한 재정의 어려움을 무거운 세금과 재상들의 토지 몰수 등으로 막아 보려 한 연산군, 연산군을 등에 업고 자파의 세력을 구축하려던 신하들이 반대세력들과 대립하면서 일어난 사화였습니다. 이 사화의 결과로 성종 시대에 양성되었던 많은 유학자들이 죽임을 당했습니다.

연산군은 신하들의 간언을 귀찮게 여겨 사간원·홍문관 등을 없애 버리고 온갖 상소와 상언·격고(임금이 거둥할 때, 억울한 일을 상소하기 위해 북을 쳐서 하문(下問)을 기다리던 일) 등 여론과 관련된 제도들도 모두 중단 시켜 버렸습니다. 성균관·원각사도 술을 마시고 노는 장소로 바꾸어 버렸고, 선종(禪宗)의 본산인 흥천사(興天寺)도 마구간으로 바꾸었다고 합니다. 백성들에게는 한글 사용을 엄금하기도 했습니다. 이때의 법 은 의회가 제정한 법은 아니었으므로 근대적 의미의 법치주의와 비 교할 수 없으나 형식적으로는 모습을 갖추고 있었으므로 왕들도 법 에 따라야 하는데도, 연산군은 이를 무시하거나 폐지하는 등 마음 내 키는 대로 나라를 다스렸던 것이지요. 인치의 가장 나쁜 모습을 보여 준 사례라고 할 수 있습니다.

법에 따른 통치 '법치'

이런 인치가 아니라 의회가 제정하는 법률에 따라 나라가 다스려지는 것을 법치주의라 할 수 있습니다. 사람에 따르느냐 법률에 따르느냐의 기준으로 보았을 때, 이런 의미의 법치주의를 형식적 의미의 법치주의라고 합니다.

형식적 의미의 법치주의 아래에서도 법은 권력자의 도구인 한편 피지배자를 지키는 수단이 될 수도 있습니다. 역사적으로 보면 인치의 시대에서 법치의 시대로 넘어 오면서 형식적 의미의 법치주의가 중요한 역할을 했습니다. 영국의 존 왕을 다시 한 번 볼까요. 존 왕도 연산군처럼 재정난을 세금으로 메워 보려다 귀족들과 갈등을 빚게 되는데요. 존 왕은 프랑스와 전쟁을 하기 위해서 새로운 세금을 마음대로 부과해서 귀족들의 원성을 샀습니다. 세금을 부과하는 기준을 마음대로 만들고 바꿔서 금액을 늘린 것이었지요. 이에 귀족들이 반발하면서 존 왕은 귀족들의 동의 없이는 새로운 세금을 부과할 수 없다는 대헌장에 서명하게 되었던 것입니다.

이때 대헌장 서명 이전의, 왕이 마음대로 세금을 부과할 수 있었던 시대를 인치의 시대라고 볼 수 있습니다. 그리고 대헌장에 서명한 이후에는 새로운 세금을 부과하려면 귀족들로 구성된 대자문회의의 동의를 얻어야 했으므로 인치의 시대는 조금 물러나게 된 것으로 볼 수 있습니다. 그러나 이런 부분적인 법치 또한 원점으로 잠시 돌아가게 되었습니다. 존 왕의 부탁을 받은 당시의 교황이 대헌장을 바로 취소해 버린 때문이죠.

존 왕의 뒤를 이은 헨리 3세 시절에 다시 시몽 드 몽포르 백작을 중심으로 한 귀족들의 반발이 있었습니다. 왕과 귀족들 사이에 전쟁이 벌어지고 이 전쟁에서 이긴 시몽 드 몽포르가 최초의 의회를 소집했습니다. 그 후부터 왕은 전쟁 비용을 마련하기 위해 의회를 소집하고 의회는 왕의 권한을 견제하려는 다툼이 계속 이어지게 되었습니다. 이 과정에서 오늘날과 같은 의회의 모습으로 발전해 왔던 것이지요. 앞서 본 권리청원도 찰스 1세가 스페인과의 전쟁 비용을 마련하기 위해 의회를 소집하면서 생긴 갈등이 발단이 되었습니다. 의회가 왕에 동의하지 않고 대헌장 이래 의회와 국민이 누려야 할 권리를 다시 공식적으로 승인해 달라고 요청하자 왕이 마지못해 서명한 것이지요.

이처럼 권력자의 통치를 의회가 제정한 법에 의한 통치로 바꾼 것은 코페르니쿠스적 대전환이라 할 만합니다. 존 왕의 대헌장이 오늘날에도 '법에 기초한 자유'의 상징으로 칭송받는 이유는 그래서입니다.

형식적 법치주의에 대한 반성

서양사회에서 의회에 의한 입법, 사법부에 의한 재판 등 권력분립이 자리 잡으면서 형식적 법치주의는 그 모습을 갖춘 것으로 보였습니다. 그러나 1, 2차 세계대전을 거치면서 전체주의 세력이 의회를 장악한 가운데 제정된 법률이 시민들의 자유를 억압하고 유대인을 대학살하는 장면이 목격되었습니다. 그런 사건들을 겪은 뒤 형식적 법치주의만으로는 민주주의나 시민의 자유를 결코 지킬 수 없다는 뼈아픈 각성이 있었습니다. 단순히 '사람이 아닌 법'만으로는 법치주의의 진정한 의미를 찾을 수 없음을 알게 되었던 것이지요. "정의가 조금도 추구되지 않는 경우, 실정법을 제정할 때 정의의 핵을 이루는 평등이 의식적으로 부정된 경우, 이와 같은 법률은 단순히 '악법'이 아니라 오히려 법으로서의 본질을 전혀 결여한 것"이라는 것을 뒤늦게나마 깨달은 거지요.[1] 합법성뿐만 아니라 '정당성'도 갖는 법치를 요구하는 시대가 된 것입니다.

실질적 법치주의는 법의 내용이 합법성 외에도 정당성을 갖출 것을 요구하는 법치주의라 할 수 있습니다. 법이 형식적으로 갖추어져 있다는 것만으로는 충분하지 않고 법의 실질적 내용이 정의를 실현하고 국민의 기본권 보장에 적합한 것이어야 한다는 의미입니다. 법실증주의가 대세이던 서구의 법학계에 다시 자연법론이 되돌아 온 것도 같은 맥락이었지요?

2. 실질적 법치주의는 어디까지 가능할까

형식적 법치주의와 실질적 법치주의

정의의 내용이 무엇인지도 혼란스럽고 국민의 기본권을 어디까지 보장해야 하는지도 통일된 견해가 없는 마당에 정당한 법치주의를 살펴보는 것은 마치 눈을 가리고 하는 술래잡기처럼 어려운 일입니다.

앞서 역사적 흐름에 따라 정의가 변화하는 모습을 살펴보았지요? 그리고 정의란 사실 지금 우리 시대에 맞는 정의를 찾아가는 것이라고 볼 수 있다는 설명도 했고요. 이와 관련해서 브라이언 타마나하 (Brian Z. Tamanaha)라는 미국의 학자는 법 지배의 새로운 이론적 공식이라는 것을 소개하고 있습니다.[2] 법치주의를 형식적 차원과 실질적 차원으로 나누어서 각각 가장 약한 형태와 중간 형태, 가장 강한 형태를 나누어 보는 것입니다. 이렇게 나누면 형식적 법치주의가 단계에 따라 세 개로, 실질적 법치주의도 마찬가지로 세 개로 나뉘게 됩니다. 각각의 법치주의를 지금부터 간략히 살펴보도록 할게요.

먼저 각각의 단계에 대해 말하기 전에 단계의 '가장 낮은 혹은 약한' 형태라는 말과 '가장 강한' 형태라는 말에 대해 설명하고 넘어가기로 하지요. 약하다, 강하다 하는 형용사는 그것이 지칭하는 명사의 어떠한 속성에 대해 그 정도를 지칭하는 말이겠지요. 우리가 '형식적 법치주의'와 '실질적 법치주의'를 나누는 비교의 기준은 법치가 '형식적으로만' 이루어지느냐 아니면 정당성이라는 실질적 내용을 갖추고 있느냐 하는 것이겠지요. 형식적 법치주의가 가장 강력한 형태이려면 법치에 있어 '형식'이 형식적으로만 존재하는 것이 아니라 민주주의와 결합하여 내용상의 합법성까지 갖추는 것을 말합니다. 약한 형태란 그 형식이 형식으로만 존재하는 것을 말할 거예요. 바꾸어 말하면 형식성이라는 관점에서 가장 약한 형태는 형식상 의회가 있지만 민주주의 의회라고 볼 수 없는 의회거나 그런 의회에서 전권을 위임받아 통치자가 자의적으로 만든 법에 의한 통치라고 한다면, 가장 강한 형태는 민주주의를 제대로 갖춘 의회에서 제정된 법에 의한 통치라고 할 수 있습니다. 마찬가지로 실질적 법치주의가 가장 강력한 형태이려면 법이 갖추는 실질적 정당성이 가장 강조되는 것을 말할 테고, 약한 형태라는 것은 그와 반대인 것을 말하겠지요.

자, 그럼 이러한 용어상의 이해를 한 뒤 단계별 내용을 살펴볼까요?

형식적 법치주의의 세 단계

형식적 법치주의의 가장 약한 형태는 정부가 무엇을 행하든 법에 따라야 한다는 생각이라고 합니다. 그 법의 내용은 문제 삼지 않는 단계인 거지요. 나치당이 지배하던 독일을 떠올려 보면 이해가 될 것입니다. 당시에도 의회가 있었습니다. 하지만 나치당은 의회로부터 전권을 위임받아 유대인을 배척하는 갖가지 법을 만들어서 강제수용소에 수용하고 대량학살을 했죠. 이런 상태, 즉 형식적 법은 있지만 그 내용이 전혀 근대의 민주주의 정신과 맞지 않는 경우를 떠올려 보면 됩니다.

그보다 조금 더 강화된 형태는 형식적 합법성을 갖춘 경우, 즉 법이 예측가능성을 가지고 일반적이며, 명확하고 명백한 것이어야 한다는 생각입니다. 나치당처럼 법을 지키기만 하면 합법성을 갖춘 것이 아니냐고 생각할 수 있지만, 이때의 합법성이란 자의적인 국가 권력의 행사로부터 개인의 권리를 지키는 법률을 전제하는 것입니다. 따라서 예측가능성, 명확성, 명백성을 요구하는 것입니다.

예를 들어 죄형법정주의를 살펴보지요. 영국의 대헌장에서는 "자유민은 국법이나 판결에 의하지 않고는 체포·감금할 수 없다"는 내용을 담고 있다고 앞에서 설명했지요? 죄형법정주의는 대헌장의 위와 같은 내용을 그 기원으로 하고 있는 형사법의 중요한 원칙인데요. 어떤 행위가 범죄인지, 그 형벌은 무엇인지는 미리 의회에서 법률로 제정해 두어야 한다는 원칙입니다. 따라서 죄형법정주의를 도입하고 있는 나라에서는 법률에서 명확하게 미리 정해 두지 않고는 형사 처분을 할 수 없겠지요?

어떤 흉악한 범죄라고 하더라도 법률에서 미리 범죄라고 정해 두지 않은 한 처벌할 수가 없기 때문에 죄형법정주의에는 자연히 형벌 불소급의 원칙*이 따라오고, 또 명확성의 원칙, 유추해석 금지의 원칙 등이 담기게 됩니다. 그러므로 자의적인 국가 권력의 행사를 견제하는 장치가 되는 것이지요. 이처럼 자의적인 권력의 행사로부터 기본권을 보호할 수 있는 장치를 갖춘 단계가 형식적 법치주의의 첫 번째 단계보다 조금 더 법치주의의 이념에 가깝다는 데 동의하시겠지요?

형식적 법치주의가 가장 강화된 형태는 민주주의에 입각한 시민들의 동의로 법의 내용이 결정되는 경우라고 합니다. 즉 형식적 법치주의의 가장 강한 형태는 민주주의와 결합된 것임을 알 수 있습니다. 영국의 대헌장이 죄형법정주의와 유사한 원칙을 선언했다고 해도 당시의 대자문회의는 민주주의에 입각한 방식으로 구성되지 않았으므로 형식적 법치주의의 가장 진보된 형태에 이르렀던 것은 아니었습

---

* 형벌불소급의 원칙이란, 법이 효력이 발생하기 이전의 행위에 대하여 그 후에 만들어진 법을 소급해서 적용하여 처벌할 수 없다는 원칙으로, 헌법 제13조 제1항의 "모든 국민은 행위 시의 법률에 의하여 범죄를 구성하지 아니하는 행위로 소추되지 아니한다", 형법 제1조 제1항의 "범죄의 성립과 처벌은 행위 시의 법률에 의한다"라는 규정들이 형벌불소급의 원칙을 선언한 것이다.

니다. 이처럼 형식적 법치주의에서 가장 진보된 형태는 지배를 받는 국민이 스스로 지배자가 되는 민주주의를 전제하는 것입니다.

실질적 법치주의의 세 단계

형식적 법치주의가 가장 약한 형태에서부터 가장 강화된 형태까지 형식적 법치주의의 세 단계를 알아보았는데요, 이를 통해 형식적 법치주의에서 가장 강한 형태는 법치주의의 내용 면에서도 가장 진보된 형태라는 것을 알게 되었습니다. 그렇다면 실질적 법치주의도 법치의 정당성을 얼마나 지니고 있느냐에 따라서 그 단계를 약한 형태와 중간 형태, 그리고 가장 강력한 형태 이렇게 구분할 수 있겠지요.

실질적 법치주의의 가장 약한 형태는 개인적 권리를 보호하는 내용이 포함되는 것입니다. 이런 의미에서 보자면 나치 시대의 독일은 형태상으로 '법'이라는 것이 있었으니 형식적 법치주의의 형태는 갖추었을지라도 실질적 법치주의의 내용은 전혀 갖추지 못했다고 볼 수 있겠지요? 이런 이유로 2차 세계대전이 끝난 후 독일의 법학계를 비롯한 전 세계의 법학계에서 형식적 법치주의로는 인간의 존엄이 전혀 보장되지 못한다는 반성을 하게 된 것이지요.

실질적 법치주의가 그보다 강화된 형태는 법이 인간의 존엄권을 보호하는 차원에만 머무르지 않습니다. 한발 더 나아가서 개인으로 하여금 자신의 존엄권을 지킬 수 있는 능력을 개발하도록 돕는 의무를 정부에 부과하는 내용이 담긴 법을 갖춘 단계를 말하지요. 출발부터 불리한 사회적 약자들이 자립할 수 있도록 하는 각종 제도적인 장치를 갖추는 것을 정부의 의무로 하는 단계입니다. 예를 들어 공교육 제도가 부실한 나라가 있다고 해 봅시다. 그 나라에서는 공교육을 받을 기회를 갖기 힘들므로 비싼 교육비를 내야 하는 사립학교 위주로 교육제도가 운영되겠지요. 그렇게 되면 경제적으로 어려운 사람들은 교육을 받을 기회를 가지지 못해서 교육을 통한 능력 개발을 하지 못하겠지요? 의무교육 제도를 둔다든지 공교육기관을 확충한다든지 하는 국가의 노력은 바로 이런 의미에서의 법치주의를 확충하기 위한 것으로 이해하면 될 것입니다. 우리나라는 초·중등학교 교육을 의무교육으로 수행하고 있지요. 그런 면에서 우리나라의 법치주의는 중간 형태의 실질적 법치주의까지는 어느 정도 이르렀다고 이해할 수 있겠네요.

그럼 가장 강화된 형태의 실질적 법치주의는 어떤 것까지를 실질적으로 보장하는 단계일까요? 개인이 인간적인 존엄권을 누리기 위해 국가가 수행해야 하는 역할을 제시한 것이 중간 단계의 실질적 법치주의라면, 그보다 더 실질적인 법치주의는 무엇에 더 큰 강조를 둘까요? 그것은 현대사회에서 첨예하게 논쟁이 되고 있는 복지국가에 대한 강조입니다. 말하자면 법으로서 사회복지를 갖추도록 하고, 국민의 실질적 평등을 보장하고, 가치를 공유하는 공동체를 유지할 수 있도록 하는 내용을 포함하는 것입니다.

예를 들어 볼까요? 우리나라는 기회의 평등을 보장하고 있습니다. 교육을 받을 수 있는 기회가 모두에게 평등하고, 시험을 치를 수 있는 기회도 평등하게 보장되지요. 하지만 그 기회의 평등이 결과의 평등까지는 보장하지 않는데요, 무슨 말이냐 하면 똑같이 시험을 치르더라도 그 결과에 따라서 어떤 사람은 좋은 대학에 입학하고 좋은 기업에 취업하고 그럼으로써 더 많은 사유재산도 가질 수 있게 되겠지요. 이것은 결과적으로 모든 사람이 동일한 생활환경에서 살 수 없다는 말을 의미합니다. 사회적 불평등이 야기된다는 이야기입니다. 그렇게 되었을 때, 경제적·환경적 불평등을 겪는 사회적 약자에 대해 국가가 적극적으로 책임을 져야 한다는 인식들이 나타나겠지요. 그것이 가장 강력한 형태의 실질적 법치주의에 대한 요구라고 할 수 있겠습니다.

그러므로 이 단계는 중간 단계의 법치주의보다는 좀 더 결과의 평등을 요구한다고 할 수 있겠지요? 어떤 사회가 이런 실질적 법치주의를 이룬 단계인지 여러분이 한번 상상해 보시겠어요?

형식적 법치주의와 실질적 법치주의의 결합 형태

역사적으로 보면 형식적 법치주의의 첫 단계, 두 번째 단계, 세 번째 단계 다음으로 실질적 법치주의의 첫 단계, 두 번째 단계, 세 번째 단계가 오는 식의 단선적인 발전과정을 거치는 것은 아니었고요, 형식적 법치주의와 실질적 법치주의가 정도를 조금씩 달리하면서 결합하는 형태로 발전하여 왔습니다. 우리가 잘 알고 있는 나라들을 놓고 그 결합 형태를 살펴볼게요.

형식적 의미의 법치주의는 갖추었지만 실질적 의미의 법치주의는 가장 약한 형태조차 전혀 갖추지 못한 사회는 어떤 사회일까요? 말하자면 법치주의가 형식적으로만 존재하는 사회요. 앞서 말했지만 형식적 법치주의만을 갖춘 단계란 내용과 절차의 정당성을 떠나 '법'이라는 형식이면 된다는 것이지요. 먼저 떠오르는 것이 나치당이 지배하던 독일이지요? 이 부분은 이제 충분히 그림이 그려졌을 듯합니다.

그렇다면 구(舊)소련은 어떨까요? 소련은 지금의 러시아를 비롯한 15개 공화국으로 구성된 연방 국가였지요. 소비에트 사회주의 공화국 연방이라는 명칭은 '소비에트'에서 나왔는데, 러시아어로 '평의회' 또는 '노동자-농민 평의회'를 뜻한다고 합니다. 노동자, 농민, 군인의 공동체 조직인 소비에트는 선거를 통해 평의회 대의원을 선출했습니다. 우리가 일반적으로 알고 있는 의회에 가까운 개념이라고 할 수 있겠지요. 그러나 개인의 재산권 등 기본권이 보장되지 않은 사회주의 국가였으므로 실질적 의미의 법치주의 모습은 전혀 갖추지 못했다고 할 수 있겠지요? 사회권은 어느 정도 보장되어 있지 않았을까 생각해 볼 수도 있지만 자유권, 인간의 존엄권이 보장되지 않은 사회였으므로 사회권만으로는 실질적 법치주의가 갖추어졌다고 말하기는 어렵습니다. 그렇다면 구소련은 형식적 의미의 법치주의는 어느 정도 갖추었다고 할 수 있겠으나, 실질적 의미의 법치주의는 전혀 갖추지 못했다고 보아도 되겠지요?

구소련처럼 실질적 의미의 법치주의 모습을 전혀 갖추지 못한 것은 아니지만 가장 약한 형태로밖에 못 갖춘 사회는 역사에서 찾아볼 수 있습니다. 바로 자유방임주의가 지배하던 사회입니다. 이때의 자유권이나 재산권 등 기본권은 다수의 가난한 사람들로부터 안전을 위협받지 않는 자유권이나 재산권 등을 의미하는 경우가 많았습니다. 영국의 사례에서 본 것처럼 귀족들이나 자유민의 권리를 지키는 데서 법치주의, 민주주의가 출발했고, 권리에 대한 위협은 왕권에서도 나왔지만 가난한 다수의 위협으로부터도 나왔기 때문입니다. 그래서 "초기의 자유주의 전성기에는 기회가 주어지면 가난한 다수가 부가 골고루 분배될 때까지 부자인 소수로부터 부를 빼앗는 법률을 통과시킬 것이라고 널리 추측되었다"[3]고 합니다. 당시 권력자들은 가난한 다수의 위협을 염려하여 투표권을 재산이 있는 사람에게만 부여하는 등의 제한을 두기도 했습니다. 구소련의 경우와 비교해 보면 자유권은 보장되었을지 몰라도 사회권은 그 개념 자체도 문제 되지 않았던 시절이라 할 수 있지요.

2차 세계대전을 겪으면서 나치 정부에 의해 저질러진 잔학행위가 법을 도구로 해서 행해졌다는 점, 법은 나치의 테러에 대한 방어 장치로 기여해야 하는데 그 점에서 완전히 실패했다는 점은[4] 법치주의에 대해 새로운 요구를 하는 계기가 되었습니다. 법치주의에 실질적 내용을 강력하게 재주입하자는 것이었습니다. 실제로 독일의 전후 헌법인 기본법은 '인간 존엄의 불가침성'에 영향을 미치는 개정은 허용할 수 없다고 못 박아 두는 등 조금 더 실질적 법치주의를 강화시키는 형태를 취했습니다. 오늘날 서구사회의 자유민주주의에서는 형식적 합법성, 개인적 권리의 보호, 민주주의 등이 함께 완전한 묶음으로 작동하는 것이 법치주의의 일반적인 모습이라고 합니다. 타마나하의 공식에 의하면 가장 진보된 형태의 형식적 법치주의와 중간 형

법치주의의 단계들	ⓐ 가장 약한 실질적 법치주의 – 기본권 보호를 갖춤	ⓑ 중간 정도의 실질적 법치주의 – 실질적 정의 실현을 위한 제도를 갖춤	ⓒ 가장 강력한 실질적 법치주의 – 인간다운 생활을 위한 제도를 갖춤
㉠ 가장 약한 형식적 법치주의 – 형식적 법을 갖춤	㉠만 갖춘 사회: 나치당 하의 독일/ 공산당하의 구소련?		
㉡ 중간 정도의 형식적 법치주의 – 형식적 합법성을 갖춤	㉡+ⓐ?자유방임주의 하의 서구의 입헌군주제 국가		
㉢ 가장 강력한 형식적 법치주의 – 민주주의를 갖춤	㉢+ⓐ 자유방임주의 하의 민주주의 국가/2차 세계대전 전의 서구 국가들?	㉢+ⓑ 현대의 대부분의 민주주의 국가	㉢+ⓒ 북유럽의 나라들?

태의 실질적 법치주의 정도라고 할 수 있겠습니다.

　법 지배의 가장 진보된 형태인 형식적 의미의 법치주의와 실질적 의미의 법치주의의 가장 강력한 형태를 달성한 나라가 있을까요? 지금 지구상의 나라에서 가장 가까이 간 나라들은 아무래도 북유럽의 스웨덴, 노르웨이, 덴마크, 핀란드 등이라 할 수 있을지 모르겠습니다. 그러나 북유럽 국가들도 가장 강력한 형태를 갖춘 것은 아니며 그런 법치주의의 달성은 가능하지 않다는 주장도 있습니다. 또 강력한 실질적 법치주의를 정착시키려 할 경우에는 "개인적 자유와 실질적 평등 사이의 잠재적인 충돌을 증대시킨다는 우려", "법의 지배를 공허하게 하면서 더 폭넓은 사회적 쟁점들에 관한 논쟁의 대리전쟁

터로 만들 뿐"이라는 지적도 있습니다.[5] 사회복지와 실질적 평등의 요구는 개인의 자유로운 사회경제적 활동을 위축시키게 될 것이라는 염려가 있는 것이지요.

정당한 법치주의

정의가 무엇인지를 한마디로 규정지을 수 없다는 것은 앞서 보았지요? 실질적인 정의를 보장하는 것이 정당한 법일 터이므로 결국 어떤 법이 정당한 법인지도 한마디로 규정하기는 어렵습니다. 그러므로 법치주의가 어느 단계까지 실현되는 것이 옳다고 말하기도 어렵겠지요? 다만 현재까지 많은 나라들이 받아들이고 있는 형태나 지향하는 형태는 가장 진보된 형태의 형식적 법치주의를 완비하고, 개인의 권리를 보호하며, 인간의 존엄권 및 개인으로 하여금 자신의 존엄권을 지킬 수 있는 능력을 개발할 수 있도록 하는 제도적 장치를 갖추도록 하는 정도까지라고 볼 수 있습니다. 타마나하가 말하는 중간형태의 실질적 법치주의입니다. 그 이상의 복지제도의 완비나 사회권의 보장에 대해서는 사회적 합의가 더 필요한 형편이라고 하겠습니다.

우리나라의 법치주의는 지금 어느 단계에 와 있다고 평가할 수 있을까요. 2차 세계대전을 겪기 전 서구의 발전단계에까지 쫓아왔을까요, 아니면 그 이후 법치주의의 발전단계에까지도 가까이 와 있는 걸까요? 우리나라에서는 지금 학생들의 학교급식을 완전히 무상으로 할 것인지 경제적 형편이 어려운 가정의 아이들만 무상으로 하면 충분한 것인지 논쟁이 벌어지고 있습니다. 이 논쟁은 개인으로 하여금 자신의 존엄권을 지킬 수 있는 능력을 개발하도록 돕는 의무를 정부가 지는 중간 정도의 실질적 복지주의를 요구하는 논쟁일까요, 인간다운 생활을 할 권리를 실질적으로 실현하는 것까지를 요구하는 논쟁일까요? 사실 학교급식의 무상(보편)논쟁만으로 평가하기는 어렵겠지요. 우리 사회 전체 복지 수준을 두루 살펴보아야만 답이 나올 것 같습니다.

하나의 분야에서의 복지 확대는 다른 복지 부분의 확대에까지 영향을 미치게 되므로 어느 분야까지 어느 정도 복지를 하는 것이 지금 현 단계 우리 사회에 맞는지 따져 보아야 합니다. 그 재원이 어디서 나올지도 논쟁의 대상입니다. 결국은 세금을 걷어서 마련해야 할 텐데 세금을 많이 내는 사람들은 실제로 복지가 국가에 의해 확대되지 않아도 아무런 불편이 없는 사람들이므로 그들을 설득할 필요도 있습니다. 그러므로 사회 여러 계층에 있는 사람들의 다양한 생각을 듣고 정책 우선순위를 정해 가면서 조금씩 확대해 나가야 할 문제라고 할 수 있겠네요.

3. 효력이 없는 법도 있을까

홉스, 로크, 루소는 신으로부터 왕권을 부여받았다고 주장하는 왕들이 세운 세계가 무너진 근대의 입구에서, 법은 어디에서 힘을 얻는지 생각했다고 앞서 얘기했지요? 세 사람은 조금씩 다르기는 하지만 결국 새롭게 등장한 시민사회, 자본주의사회 속에서 개인적인 권리를 보장하고 공공질서를 유지하기 위해 법이 필요했다고 말합니다. 법은 국가가 사회질서를 유지하기 위해 발동하는 것이므로 국가에 의해 강제된다는 점에서 도덕, 종교, 관습 같은 것들과 차이가 있습니다. 도덕이나 종교의 규율을 어긴 사람은 자기가 속한 집단에서 왕따를 당한다거나 축출될 위험이 있지만, 법을 어겼을 경우에는 그에 그치지 않고 처벌을 받거나 금전적 배상을 해야 하는 등 법의 준수가 강제됩니다. 법이 존재하지만 사실상 준수가 강제되지 않을 경우 실효성이 없는 법이라고 말합니다. 강제성이 없는 도덕, 종교, 관습만으로는 공공질서를 유지할 수 없어서 법을 만들었는데 그 법이 실효성이 없다면 법은 있으나 마나 한 법이 되므로 만들 필요가 없다는 의미가 되겠지요?

실효성이 없는 대표적인 법 – 금주법

법이 실효성이 없는 사례로서 가장 유명한 것은 1920년 미국에서 제정된 금주법입니다. 당시 미국이 1차 세계대전에 참전을 하게 되자 곡물을 원료로 하는 술의 생산 금지 조치와 금주법제정운동 등이 있었습니다. 이에 힘입어 미국 내에서 모든 주류의 제조, 판매, 유통을 금지하는 금주령이 수정헌법 제18조에서 선언되었습니다. 그러나 술 소비는 줄어들기는커녕 오히려 늘어났고 가격도 덩달아 올라갔지요. 그러자 조직범죄집단이 술의 제조, 유통, 판매를 장악해 갔습니다. 여러분도 한 번쯤 들어 봤을 이름, 바로 알 카포네가 그 주인공이죠.

시카고 조직범죄의 우두머리였던 알 카포네는 금주령 시절 주류 밀매로 알 카포네 제국을 세웠습니다. 알 카포네의 조직이 점점 더 위협적이 되어 가자 미국연방정부는 탈세 혐의로 알 카포네를 체포해서 그때까지 미국 역사상 세금 포탈자에게 부과된 가장 무거운 형벌인 징역 11년 형을 부과했습니다. 금주령은 프랭클린 루스벨트 (Franklin Delano Roosevelt, 1882~1945) 대통령이 취임한 1933년, 금주령을 규정한 수정헌법 제18조를 폐기하는 수정헌법 제21조가 통과됨으로써 풀리게 되었습니다.[6] 루스벨트 대통령이 금주령을 폐기하겠다는 것을 공약 중의 하나로 내걸었고, 대통령에 당선된 후 폐기했다는군요. 이는 사실 미국이 대공황이라는 극도의 경기침체기에 접어들면서 세금이 걷히지 않게 되자 지하경제를 끌어내어 세금을 받을 수 있게 하기 위한 조치였습니다.

법의 실효성에 대한 제고 또한 법치주의의 정신

앞에서 소개한, 남성들만을 종중원의 자격이 있다고 본 관습법이나 제사 주재자를 종손으로 해석하는 관습법 효력이 약화되었다고 판단한 우리나라의 판결도 관습법의 실효성이 없어지고 있다고 본 대표적인 사례입니다.

미국의 금주령처럼 처음부터 실효성이 없는 법이거나, 제정 당시에는 실효성이 있었지만 점차로 실효성이 없어지는 법이라면 사람들은 어느 사이엔가 법을 지키지 않게 되고 그 법을 지키지 않았다고 하여 처벌하기도 어려워지게 됩니다. 그러다가 미국의 금주령처럼 폐지되거나 사실상 지키는 사람이 없어지게 되어 폐지되기도 하지요. 규범력이 약해지거나 없어진 법을 붙들고 법이라는 이유만으로 강제로 적용하면 부작용이 생길 수도 있습니다.

제일 걱정되는 것이 사람들이 법을 지키지 않아도 괜찮다고 생각해 버리게 되는 것이지요. 혹은 법 같지도 않은 법 때문에 처벌받게 되어 억울하다고 생각하게 되는 것이고요. 그런 생각이 퍼지게 되면 법치주의의 토대가 흔들리게 되지요. 이미 있는 법을 제대로 적용하는 것도 중요하지만 변해 버린 사회에서 더는 실효성이 없는 법을 붙들고 있으려고 하는 생각도 법치주의와는 맞지 않습니다.

2장
사법부의 독립

    법치주의에서 우선적으로 필요한 기관이 의회라는 것은 이미 충분히 설명되었지요. 그리고 의회가 제정한 법을 집행하는 기관이 행정부와 사법부입니다. 이 중 행정부는 법에 따라 국가 목적 달성에 필요한 공공사무를 하는 기관이라 할 수 있습니다. 대통령, 국무총리, 그 밖에 각 부들로 구성되어 있습니다. 다만 대통령은 국가원수로서 외국에 대해 국가를 대표하는 지위를 아울러 가지고 있습니다. 사법부는 구체적인 법률상 분쟁이 발생하여 당사자가 소송을 제기하면 그 분쟁을 법률에 따라 판단하고 선언함으로써 법 질서를 유지하는 작용을 담당합니다. 즉, 사법부는 재판을 통해 국가와 개인, 단체와 단체, 단체와 개인, 개인과 개인 간에 일어나는 분쟁을 해결하고 사회질서를 유지하기 위한 기능을 합니다. 대법원과 각급 법원이 있습니다.

    오늘날 많은 국가들은 민주주의에 입각한 제도를 갖추고 독립된 사법부를 운영하고 있습니다. 그러면서 분쟁이 발생할 경우 권리의 최종결정권을 판사들에게 맡겨 두고 있지요. 특히 개인적 권리가 공동체 내 도덕적 원리와 일치하지 않는다든지, 공동체 내에서 도덕적 원리에 대한 의견이 일치하지 않고 나뉜다든지, 사회적 이익과 충돌한다든지 하는 경우 무엇이 법적으로 옳다고 판단해야 하는지는 쉽게 해결되는 문제가 아닙니다. 다양한 사람들이 살아가는 사회에서 어떤 원칙이 가장 정당하다고 선언하는 문제이기 때문이지요. 이때 판사들은 주관적 입장이 아니라 공동체에 내재하는 원칙들을 찾고자 노력해야겠지만 이를 결정하는 것이 쉽지는 않습니다.

1. 사법권이 독립해야 하는 이유

처음 사법권이 독립했던 까닭

권력분립은 법치국가의 원리를 보장하는 중요한 제도적 장치입니다. 국가의 권력을 여러 국가기관에 분산시켜 절대적 권력이 생기는 것을 막는 제도이지요. 권력분립은 권력들 간 견제와 균형을 잘 유지해야 지켜집니다.

삼권분립을 주장한 몽테스키외는 사법권이 입법권과 분리되어 있지 않으면 재판관이 입법자가 될 것이므로 시민의 자유는 자의적으로 통제될 것이고, 사법권이 행정권과 분리되어 있지 않으면 재판관은 폭력과 억압으로 행동할 것이므로 자유는 있을 수 없다고 하였습니다. 귀족이든 인민이든 동일한 사람이나 동일한 집단이 입법, 행정, 재판 등 세 권력을 행사하게 되면 모든 것은 끝이라고도 하였지요.

그러나 사실 몽테스키외가 생각한 사법부는 상설기구가 아니었습니다. 비상설 법정에서 국민에 의해 선발된 자로 구성하여 평민만을 재판하는 것으로 구상했습니다. 그렇게 해서 그들의 권력을 제한하려 했던 것이지요. 몽테스키외가 살던 시대는 아직도 왕권과 귀족권이 시민들이 가지는 권리보다 강했던 시대였기에 몽테스키외는 왕에게는 집행권(행정권)을 부여하고, 재판권은 같은 신분의 사람이 가지는 것으로, 그리고 입법권은 귀족들로 이루어진 상원과 일반 시민으로 이루어진 하원이 나누어 가지는 것으로 하였습니다. 권력을 분할하여 왕권과 귀족의 권리를 보존하려 했다는 것이지요.[7]

이런 구조는 미국이 연방헌법을 제정하는 과정에서 그대로 도입되는데요, 대통령이 행정권을, 상원과 하원으로 구성된 의회가 입법권을, 상원의 권고와 동의를 얻어서 대통령이 임명한 판사들로 구성된 법원이 재판권을 가지도록 구성한 것입니다. 미국 건국 초기만 해도 연방 사법부, 특히 연방대법원은 당시 유력한 정치지도자들이 연방대법원장직을 거절할 정도로 그다지 주목을 받지 못했다고 합니다.[8] 사법부는 국민으로부터 직접 선출되는 입법부와 행정부와 비교하여 볼 때 정치적·경제적인 영향력이 거의 없으며 어떠한 적극적인 정책 결정도 할 수 없다는 겁니다.[9] 그러나 한편 "사법부가 재산을 가진 소수의 권리를 보호하면서 일반 대중의 과도한 요구를 억제할 수 있기를 기대"하기도 했습니다.[10] 독재의 위험성이 가장 큰 기관은 입법부라고 보았고, 대통령이 임명하는 판사로 구성되는 사법부가 선거에 의해 선출된 의원으로 구성되는 입법부를 통제할 수 있을 것이라고 기대한 것입니다.

미국은 오늘날에는 사법국가로 분류될 만큼 사법부의 권한이 강한 나라인데요, 그 계기는 1803년 도입된 사법부의 사법심사권 때문입니다. 사법부가 입법부, 행정부의 행위가 헌법에 위반된다고 판단할 경우에 이를 무효로 하는 권한입니다. 미국의 대법원은 의회나 행정부로부터 소외된 사회적 약자들의 이익을 대변해야 한다는 판단하에 사법심사권을 적극적으로 활용해 온 결과 '제왕적 사법부'라는 평가가 나올 정도로 미국 사회에 상당한 영향력을 행사해 오고 있습니다.[11] 이러한 미국의 변화는 사실 약간 아이러니한데요, 연방헌법 제정 당시에는 다수결에 의해 선출되는 입법부와 행정부가 다수의 횡포를 염려하여 이를 통제해 주는 역할을 사법부에 기대했던 것이었지요. 그런데 시간이 흐르면서 그 성격이 사뭇 달라진 것입니다.

연방헌법 제정 당시의 소수는 '재산권을 가진 소수'를 의미하였습니다. 헌법 제정에 참여한 사람들이 모두 재산권을 가진 소수였는데 혹시 투표권을 가진 다수의 지나친 요구 때문에 재산권이 박탈당한다든지 충분히 보호되지 못할지도 모른다는 불안 때문에 선출직이 아닌 소수의 엘리트로 구성된 사법부를 둔 것이었습니다. 마치 몽테스키외가 사라져 가는 계급인 귀족의 권리를 보호하기 위해 삼권분립이라는 이론을 고안해 낸 것과 같은 모습이지요. 그런데 재산권을 가진 소수들은 재산권 때문에 결국 입법 과정이나 법집행(행정) 과정에 진입하는 것이 쉬우므로 자신들에게 불리한 입법이나 법집행이 자신들 동의 없이 생길 것이라는 염려는 기우에 불과한 것이었지요. 수적으로는 소수일지 몰라도 실질적으로는 전혀 소수자가 아니었던 것입니다.

소수자 보호를 위하여

오늘날 사법부에게 소수자 보호를 기대할 때의 '소수자'는 "다원주의 시장으로부터 배척되는 소수자" 즉, 다원주의가 작동하는 사회에서조차도 사회의 일원으로서 제대로 된 영향력을 미치지 못하는 소수자로서, 계속해서 의회의 입법작용에서도 소외되어 불이익을 입는 쪽에 속하게 되는 사람들을 의미합니다. "단절되고 고립된 소수자에 대한 편견이라는 특별한 조건, 즉 정상적인 정치과정이 작동한다면 보호되리라는 기대를 할 수 있으나, 그러한 기대조차도 어려운 특별한 조건하에 있는" 소수자를 말합니다.[12] 미국 사회에 이민 가서 살고 있는 우리나라 사람들을 떠올려 보지요. 그들은 초기 단계에는 시민권이 없어서 투표할 수도 없었을 것입니다. 그래서 자신들 이익을 대표해 줄 수 있는 의회의원들을 선출할 수가 없으므로 정치인들은 그들에게 관심을 기울이려 하지 않았을 것입니다. 그들을 위해서 입법을 해 주려는 의원들은 없었겠지요. 바로 이런 사람들이 다원주의 시장으로부터 배척되는 소수자입니다.

미국 역사에서 보면 인종적 편견으로 인해 소수자로 몰리는 사람들이 많이 있었습니다. 앞에서 보았던 드레드 스콧 사건을 떠올려 보지요. 당시 미국에서는 드레드 스콧이라는 흑인노예는 주인의 사유재산이지 시민으로 인정받지 못하고 있었습니다. 드레드 스콧이라는 흑인노예를 시민으로 인정한다는 생각은 미국 사회에서 받아들여지지 않았던 생각이었고, 그러므로 의회에서는 드레드 스콧 같은 흑인노예를 위한 입법을 할 생각이 없었지요.

이런 드레드 스콧 같은 흑인들을 위해서는 소수자 보호를 하리라고 기대될 수 있는 정치과정이 작동하지 못했습니다. 다수결의 원리에 따라 선출되는 의회의원들이 자신을 선출해 준 사람들 생각에 반해서 흑인노예의 기본권을 보호해 주자는 법을 만들기란 어려웠지요. 사실 이럴 때 선출되지 않고 임명되는 판사들은 자신을 뽑아 준 선거구민들을 의식하는 의원들과는 달리 흑인노예에게도 기본권이 있다고 선언하기가 상대적으로 수월할 수도 있습니다.

만일 당시 미국 대법원이 드레드 스콧은 자유민이라고 선언하고 나아가서 흑인을 노예로 삼는 제도 자체가 미국의 헌법정신에 반한다고 판결했다면 어땠을까요? 미국의 남북전쟁을 일어나지 않게 할 수도 있지 않았을까요? 그러나 당시 미국 대법원은 이런 역할을 하지 못했던 거지요. 그래서 드레드 스콧 판결이 미국 대법원 역사상 가장 최악의 판결로 거론됩니다.

만일 의회의 의원이나 대통령처럼 투표에서 더 많은 표를 얻어서 선출되는 대표자들이 편견 때문에 소수집단에게 체계적으로 불이익을 준다든지, 소수집난을 나른 집단만큼 보호하기를 거부했다면 그 소수집단은 사건을 법원에 가져올 수밖에 없습니다. 법관들은 선거에 의해 선출되지 않고 대통령으로부터 임명을 받으므로 다음 선거에서 낙선될 수도 있다는 직위 유지에 대한 불안감이 없기 때문에 부당성, 위헌성을 판단할 적임자라고 평가됩니다. 선출된 대표자들이 사회 변화에 걸림돌이 되거나, 다수자 의사에만 따르면서 자신들이 대표하고 있는 사람들 전체 이익을 대표하지 않고 있다는 주장이 옳은지를 객관적으로 평가할 수 있는 입장에 있다는 것입니다.[13]

우리나라의 경우

우리나라의 예를 들어 보지요. 앞에서 보았던 동성동본 간에는 혼인을 하지 못한다는 규정과 관련한 것입니다. 동성동본 간의 금혼규정이 인간으로서의 존엄과 가치, 행복을 추구할 권리를 규정한 헌법 이념에 어긋난다는 주장이 우리 사회에서 지속적으로 제기되었는데도 국회에서는 일정한 기간 동안만 임시적으로 혼인신고를 허용하는 조치를 한 것 외에는 근본적인 조치를 하지 못했습니다. 동성동본끼리 결혼한 사람들 가족들이 우리 사회에서 소수이고 그들을 대변하여 입법을 해 줄 국회의원이 없었던 것이지요. 오히려 그들을 위한 입법안을 제출하거나 지지했다가는 지역의 유림세력들로부터 비판받을 가능성이 더 많다는 생각 때문에 심정적으로는 지지하면서도 이를 드러내지 않는 국회의원들이 더 많을 정도였습니다. 즉, 정치과정이 잘 작동되지 못하도록 하는 특별한 조건이 당시 동성동본끼리 결혼한 사람들과 그 가족들에게 있었던 것이지요. 결국 1997년 헌법재판소에서 헌법불합치결정을 내림으로써 문제 해결의 물꼬가 트였

습니다. 그러나 법이 개정된 것은 8년 후인 2005년이었던 점만 보아
도, 다수결이 작동하는 사회에서 소수자를 보호하는 것은 정말 어렵
다는 것을 알 수 있지요?

오늘날에 이르러서는 갈수록 입법부와 행정부의 역할이 비대해
져서 상대적으로 사법권의 중립성이 더 강조되는 현상을 보이고 있
습니다. 게다가 이익단체들도 자신들의 정치적 목적을 달성하기 위
해 법원을 적극적으로 활용하고 있습니다. 인권단체, 소비자단체, 공
익단체, 환경단체들이 자신들의 주장을 담은 소송을 적극적으로 제
기하고 있는 것이지요.[14] 이런 변화와 더불어 법원이 시대 변화에 적
극적으로 대응해야 한다는 적극주의와 그런 문제는 정치권이 알아서
할 문제이므로 헌법과 법률의 문언 해석에만 집중해야 한다는 소극
주의의 대립이 커져 가고 있습니다. 그러나 '법률에 나타난 의회의 의
사'가 '헌법에 나타난 국민의 의사'와 충돌할 경우 법관은 헌법에 나
타난 국민의 의사를 최대한 실현해 나갈 방법을 강구해야겠지요?[15]
그 경우에는 소극주의에만 머물러 있을 수가 없는 것이지요.

그런데 법원이 독립되어 있지 않다면 다수의 투표에 의해 선출된
행정부나 의회에 대한 견제를 충분히 할 수 없겠지요? 또 다수로부터
보호받지 못하고 있는 소수자를 보호하는 판결을 할 수도 없게 될 것
입니다. 결국 선출된 대표자들과 함께 '다수자 전제'의 장식물 중 하
나로 되어 버리고 말 것입니다.

이런 사법부의 중대한 역할을 생각해 볼 때, 사법부는 입법부나 행
정부로부터 독립하는 것은 물론이고 때로는 국민 다수의 생각으로부

터도 독립적이어야 하겠지요? 그리고 여러 이익단체들이나 시민단체들과도 독립적이어야 합니다. 그러면 도대체 '판사들은 무엇으로 재판을 해야 하나' 하는 의문이 저절로 나오지요? 결국은 헌법정신, 법치주의, 이런 근본으로 돌아가는 수밖에 없습니다. 기-승-전-'헌법'이라고나 할까요.

2. 사법권 독립의 내용

사법부 내부작용으로부터 독립한다

독립한 법원이 있다는 것은 사법부가 입법부와 행정부로부터 독립했다는 것이므로 국회는 법률에 의해서만 법원의 조직과 기능을 규제할 수 있을 뿐이며, 법원의 재판과정에 개입하거나 내용에 간섭하거나 특정인을 처벌하는 법률을 제정할 수 없습니다. 마찬가지로 행정부도 재판에 간섭하거나 영향력을 미칠 수 없습니다. 그러나 사법부의 독립은 입법권과 집행권으로부터 독립한 법원이 있다는 것만으로는 부족합니다. 그것은 기본으로 하되 법관이 재판을 할 때는 헌법과 법률, 법관으로서의 양심에 따를 뿐이시 국회나 집행권으로부터는 물론 사법부 내에서도 상급법원이나 소속법원장의 지시 또는 명령을 받지 않는 재판상 독립이 함께 확립되어야 합니다.

즉, 법관이 재판상 독립한다는 것은 다른 국가기관, 소송당사자, 사회적·정치적 압력, 사법부 내부작용으로부터 독립하여 재판한다는 것을 의미합니다. 다른 것들은 어느 정도 예상할 수 있지만 사법부 내부작용으로부터 독립하여 재판한다는 것은 쉽게 이해되지 않을 것 같군요. 이를테면 이런 것입니다. '상급법원 재판에서의 판단은 그 사건에 관해 하급심을 기속'한다는 법원조직법 제8조의 규정이 있습니다. 상급법원은 1심재판에 대해서는 2심과 3심재판을 하는 법원을, 2심재판에 대해서는 3심재판을 하는 법원을 말합니다. 하급심을 담당하는 하급법원이 상급법원의 지시에 따라 재판하지는 않고, 하급법원의 판단이 상소되어 상급법원에서 다시 재판을 하게 되는데요, 구체적인 사건에 대해서 이미 상급법원의 판단이 나왔다면 하급법원은 그와 다른 판단을 해서는 안 된다는 것입니다. 즉, 상급심을 담당한 법원이 하급법원 판단이 잘못되었다고 사건을 하급법원에 돌려보냈다면(상급법원은 스스로 재판할 수도 있지만 하급법원 재판을 취소하고 사건을 하급법원에 돌려보내기도 한다) 그 사건에 관해서는 상급법원의 판단을 따라야 한다는 의미입니다. 그러지 않으면 그 사건은 무한히 하급법원과 상급법원 사이를 왕복하면서 결론을 내릴 수 없게 될 것입니다.

그런 경우 이외에는 하급법원은 상급법원의 지시나 견해에 구애받지 않고 재판을 할 수 있고 그 재판에 대해서 상급법원이 판단하게 될 때면 상급심 또한 하급법원의 판단에 구애받지 않고 재판을 하게 됩니다. 이것이 바로 사법부 내부작용으로부터 독립하여 재판한다는 뜻입니다. 그러므로 법관이 소속 법원장 등 법원행정 상의 상급기관으로부터도 독립하여 재판해야 하는 것은 너무나 당연한 이야기겠지요?

자기가 속한 질서로부터 독립한다

사법부 독립의 중요성을 제일 먼저 깨달은 몽테스키외는 재판관은 재판을 받는 피고와 같은 신분의 사람이어야 한다고 주장했습니다. 자기를 해치려는 사람들 수중에 빠져 공정한 재판을 받지 못한다고 생각하지 않도록 하기 위한 것이었습니다.[16] 몽테스키외는 영국에서 명예혁명이 일어난 다음 해로서 권리장전이 선언된 1689년에 태어났습니다. 영국의 왕권이 어떻게 헌법정신을 받아들이는지를 경험한 세대라고 할 수 있지요. 부유한 지방귀족이었던 몽테스키외로서는 왕권과 귀족권이 도전을 받고 있는 당시의 상황 속에서 구질서를 지키려면 어떻게 해야 하는지를 찾아보던 끝에 삼권분립이라는 역사적인 생각에 이르게 되었습니다.

그러나 현대의 시점에서 보더라도 몽테스키외의 생각은 빛을 잃지 않고 있습니다. 몽테스키외는 단순히 삼권의 분립을 주장한 것이 아니라 시민의 자유를 지키기 위해서는 서로 다른 위치나 입장에 놓인 세력들 간에 상호 견제가 필수적이라고 주장하였고 그 정신은 오늘날에도 변함없이 중요하기 때문입니다. 선거에 의해 뽑히지 않고 대통령이 임명하는 판사들이 자신을 임명한 대통령이나 자기가 속한 계층, 법원 내부의 위계적 질서로부터 독립하여 재판할 수 있도록 제도를 갖추고 유지하는 것은 물론 판사들 스스로 이를 지켜 나가는 것은 결국 주권자인 국민들 권리를 보호하고 존중하는 데 꼭 필요합니다.

3장

상소제도 – 공정한 재판을 위한 장치

1. 상소제도의 중요성

▎상소제도의 뜻과 의미

법관의 독립을 보장하고 사법부 내부작용으로부터도 독립하여 재판하는 제도만 확립된다고 해서 모든 재판이 전부 공정한 결과를 낳을 수 있을까요? 법관이 독립하여 재판을 하도록 보장했지만, 법관의 판단이 독단에 치우친다거나 오판이 있을 위험성은 늘 있습니다. 재판 당사자들 또한 충분히 소송에 임하지 못하는 경우도 있을 수 있습니다. 만약 재판 결과가 정당하지 못하다고 생각한 사람이거나 여전히 자신의 억울함이 해소되지 않았다고 생각하는 사람이 있을 경우, 그 사람은 어떻게 행동할 수 있을까요? 이때 등장하는 것이 상소입니다. 그 법원의 상급법원에 한 번 더 판단해 줄 것을 요구하는 것이지요.

1심법원에서 2심법원으로, 2심법원에서 3심법원으로 다시 판결을 구하는 절차인데요, 상급법원에 소를 제기한다는 뜻이지요. 헌법은 이에 대비하여 "법원은 최고법원인 대법원과 각급법원으로 조직된다"고 하여 계층적 조직을 두고 있습니다. 독립한 법관의 판단을 보장하면서도, 상급법원에서 재판을 시정할 기회를 주어 소송절차를 더 신중하게 하기 위한 것입니다. 이것이 바로 상소제도의 의미입니다.

앞에서 우리나라 근대법은 서구사회의 법이 일본을 통해 들어왔다고 했지요? 그런데 그것은 점진적으로 들어와 우리나라 전통법과 융화한 것이 아니라 일본의 침략과 함께 완전한 형태로 바로 들어와서 우리나라 전통법을 통째로 대체해 버렸다는 점도 지적했습니다. 상소제도도 서구 재판제도가 도입될 때 함께 도입되기는 했으나, 사실 근대법 도입 이전부터 이미 우리나라에서 시행되고 있었습니다.

원님재판과 암행어사

시간을 거슬러 조선 시대로 가 보겠습니다. 조선 시대에는 행정과 사법이 분리되어 있지 않았습니다. 즉 일반 행정관청이 민사·형사 사건을 재판하는, 지금의 사법부 역할을 도맡아 했다는 말이지요. 여러분도 익히 들어 보았을 '원님'이란 조선 시대 부·목·군·현 각 고을을 맡아 다스리던 부사, 목사, 군태수, 현령을 통칭하던 말이었습니다. 말하자면 행정관청의 수장이 원님이었다는 의미입니다. 원님은 고을을 다스리면서 재판 업무도 도맡아 했습니다.

혹시 '원님재판'이란 말을 들어 보았나요? 흔히 원님재판이라고 하면 일정한 절차나 원칙도 없이 제멋대로 판결을 내린 재판을 말하는데요, 사실 조선 시대에도 재판의 절차나 원칙은 엄격하게 정해져 있었습니다. 《경국대전》 등 여러 법전에서 소송에 필요한 주요 법규만을 뽑아 분류하고 정리해서 실무용 간편 법률 서적을 만들어 활용하기도 했다고 합니다. 다만 행정과 재판이 분리되어 있지 않았으므로 조금 더 자유롭게 재판을 하거나 권한을 남용할 여지가 더 많았던 것이지요. 자유로우면서도 행정관청의 수장으로서 권력을 앞세운 원님의 부당한 재판, 이것이 원님재판이 의미하는 바입니다.

그런 뜻으로 정착한 원님재판의 제2의 의미를 접어놓고, 조선 시대에 얼마나 많은 원님재판(원님이 재판에 직접 나섰다는 일차적인 의미)이 있었는지를 알 수 있는 통계는 없습니다. 다만 1838년의 전라도 영암군에서는 이해 7월 한 달 동안 모두 187건의 소장이 접수되었다는 자료가 있다고 하니, 대략 가늠은 할 수 있을 듯하네요. 원님이 하루도 쉬지 않는다고 해도 하루에 최소한 여섯 건의 소송을 처리해야 하는 분량이지요.

이렇게 많은 소송을 처리해야 했으니, 원님의 직권남용으로 생긴 억울한 재판도 많았겠지만 공정한 재판을 하기 위해 원님에게 주어진 시간도 많이 부족했을 듯합니다. 그러니 모든 재판의 결과가 늘 공정하지만은 않았을 것 같지 않나요?(사실 요즘에도 법원에 접수되는 소송 건수가 너무 많아서 문제라는 언론 기사를 심심찮게 볼 수 있잖아요.) 그러니 원님재판으로 억울해하는 사람도 자연스레 많았을 듯한데요, 그럼 그렇게 억울한 사람들은 그 억울함을 어떻게 해결했을까요. 원님이 한 재판 결과가 억울하다고 생각할 경우 지금의 도지사에 해당하는 관찰사에게 호소할 수 있었다고 합니다. 그리고 여기서도 해결이 안 되면 다시 중앙기관인 사헌부 등에 상소할 수 있었고요. 그조차도 안 되면 최후의 수단으로 신문고(申聞鼓)를 치는 등의 방법으로 임금에게 직접 호소하는 길도 있었습니다.

다만 원님은 태형(작은 가시나무 가지로 엉덩이를 치는 형벌) 이하의 형사사건과 일반 민사사건을 맡아서 재판하였고, 관찰사는 유형(먼 곳으로 귀양을 보내는 형벌) 이하의 형사사건을 직접 처리하면서 관하의 원님들이 재판한 민사사건의 상소심을 맡았다고 합니다. 암행어사는 관찰사와 대등한 권한으로 원님의 재판 중에 잘못된 사례는 없는지 다시 재판하는 권한도 가지고 있었습니다.

여기서 다시 한 번 《춘향전》의 내용을 상기해 봅시다. 남원부사의 아들 이몽룡과 월매의 외동딸 성춘향이 서로 사랑에 빠졌지만 이 도령의 아버지가 영전하여 서울로 가게 되자 두 사람은 이별하게 되지요? 이몽룡의 아버지를 이어 새로 부임한 남원부사 변학도는 수청을 들지 않는다는 이유로 춘향을 옥에 가두고 큰 칼을 씌워 둡니다. 서울에서 과거에 급제한 이몽룡은 변학도의 생일 잔칫날 각 읍의 수령들이 모인 자리에서 암행어사 출두를 하여 부사를 파직시키고 춘향을 구해 냅니다. 위에서 보았듯이 암행어사는 원님들의 재판에 대한 항소심 재판을 할 권한이 있었으므로 원님이었던 변학도에게 잘못된 재판을 받고 억울하게 옥살이하던 춘향을 구해 낼 수 있었던 것입니다. 원님과 암행어사/관찰사의 위계 관계는 이런 거였고, 그것이 우

리의 아름다운 작품 《춘향전》의 속 시원한 결말을 만들어 낸 배경이
었던 것이지요.

지주와 싸운 말 장수 이야기

독일에도 우리나라의 《춘향전》처럼 옛날부터 전해 오는 흥미로
운 이야기가 있습니다. 《춘향전》처럼 사랑에 관한 이야기는 아니고
요, 법을 자의적으로 집행하는 지주와 싸운 말 장수의 이야기입니
다. 실제로 있었던 일을 하인리히 폰 클라이스트(Heinrich von Kleist,
1777~1811)라는 작가가 소설로 쓴 것인데요, 《미하엘 콜하스》[17]입니
다. 배경은 16세기이고, 쾰른에 살았던 한스 콜하스라는 인물이 실존
모델입니다.

> 브란덴부르크에 사는 평판 좋은 말 장수 미하엘 콜하스가 말 여러 마
> 리를 데리고 작센으로 가는 중. 콜하스는 가는 도중 트롱카의 지주 벤첼
> 이 소유한 성에서 통행을 제지당하고 통행증을 내보이라는 요구를 받는
> 다. 하는 수 없이 그는 말 두 마리와 말을 돌볼 하인을 맡겨 두고 드레스
> 덴에 가서 통행증을 얻으려 했다. 그런데 알고 보니 그런 통행증은 애당
> 초 없었다. 화가 난 콜하스는 다시 말과 하인을 맡겨 놓은 벤첼의 성으로
> 돌아온다. 돌아온 콜하스는 맡긴 말들이 고된 밭일에 동원되어 비쩍 마르
> 고 가치 없게 되었을 뿐만 아니라, 하인은 매를 맞고 개에게 물린 상태에
> 서 쫓겨났음을 알게 된다.
> 콜하스는 이 부당한 사태를 바로잡기 위해 작센 선제후[중세 독일에

서 황제 선거의 자격을 가진 제후(諸侯)]에게 법에 따라 지주 벤첼을 처벌하고 말들을 원래 상태로 회복시키며, 자기뿐 아니라 자기 하인이 입은 손해를 배상하라고 요구하는 소장을 제출했다. 그러나 트롱카 가문이 손을 쓴 탓에 그의 청구는 기각(소송을 수리한 법원이, 소나 상소가 형식적인 요건은 갖추었으나, 그 내용이 실체적으로 이유가 없다고 판단하여 소송을 종료하는 것)된다. 거기에 선제후를 만나 직접 호소하러 간 아내도 경호원의 창자루에 맞아서 죽게 되었다. 그러자 그는 재산을 처분하고 아이들을 국경 너머로 보낸 다음 민란을 일으킨다. 법적인 방법으로는 정의를 이룰 수 없음에 절망하여 직접 자신의 권리를 되찾으려 했던 것이다.

당시 콜하스가 진격 중이던 비텐부르크에 머물던 종교개혁자 마틴 루터는 콜하스를 만나 본 다음 작센 선제후에게 미하엘 콜하스의 소송을 재심의해 줄 것을 요청하였다. 작센 선제후는 마틴 루터의 요청을 받아들여 "만일 말에 대한 그의 소송이 법원에서 거부된다면 자기 자신의 권리를 찾기 위해서 독자적인 시도를 했기 때문에 그는 가차 없이 준엄한 법에 따라 기소될 것이다. 그러나 반대의 경우에는 그와 그의 일당들에게 은전을 베풀고 그가 작센에서 행한 폭행을 완전히 사면해 줄 것이다"라는 방을 붙인다. 결국 재심이 열리게 되고 우여곡절 끝에 선제후의 법정에서 콜하스의 소송은 승소하였다. 그 결과 벤첼은 2년 징역형에 처해지고, 말들은 지주 벤첼의 부하들에 의해 다시 살찌워졌으며, 하인 헤르제의 치료비도 배상받았다.

그러나 미하엘 콜하스 자신은 사면의 효력이 미치는 선제후의 법정이 아닌 황제의 법정에서 제국의 공공평화를 문란하게 한 죄로 사형선고를 받고 단두형에 처해진다. 선제후 법정에서의 완전한 승소 소식이 담긴 판결문은 극적으로 사형장에서 확인하게 되었다. 판결문을 확인한 그는 선제후 앞에 꿇어앉아 자신의 지상 최대 소원이 성취되었다고 말한다.

작가는 그의 형 집행에 대해 "그가 스스로 이 세상에서 정의를 회복하기 위해 너무 성급한 시도를 했기 때문에 세상에 대해 그 자신의 죄를 속죄"해야 한다고 썼습니다. 그는 처음부터 지주 벤첼의 자의적인 법 집행과 그로 인한 손해의 온전한 보상을 요구했을 뿐 자신이 일으킨 민란에 대한 사면을 요구하지는 않았습니다. 그는 아내에게 "나는 사람들이 내 권리를 보호해 주지 않는 나라에서는 살고 싶지 않다"고 말합니다. 마틴 루터에게는 "추방당한 자란 법의 보호를 받을 수 없는 자를 말한다"고 외칩니다. 그리고 작센 선제후가 법에 따라 지주 벤첼을 처벌하고, 말들을 원상회복시키고, 미하엘 콜하스와 하인 헤르제가 입은 손해를 배상해 준다면 선제후가 그를 추방한 것이 아니므로 선제후가 지키는 세계로 돌아가겠다고 말합니다. 자신은 아직 추방당하지 않았다는 뜻이지요.

특이한 것은 미하엘 콜하스도 이유 없이 기각된 자신의 첫 소송에 대해 선제후의 법정에서 재심의해 줄 것을 요구했을 뿐이고, 작센 선제후도 법원에서 다시 재판을 해 주겠다고 했을 뿐 승소 판결을 약속하지는 않았다는 점입니다.

미하엘 콜하스는 왜 자신의 사면을 요구하지 않고 사형선고를 받아들였고, 작센 선제후 또한 승소 판결을 약속하지는 않았을까요? 콜하스에게 중요한 것은 세상이 법 질서를 지킨다는 것, 그러므로 자신도 그 법 질서에 따라 보호받아야 한다는 것이었습니다. 그렇기 때문에 지주 벤첼에 대한 자신의 소송이 재심법정에서 공정하게 다루어지기만을 요구했을 뿐, 자신을 예외로 보호해 줄 것을 요구하지는 않았지요. 만일 자신에 대해서만 예외적인 조치를 해 줄 것을 요구하게 되면 자신이 주장한 정의 자체가 무너지게 되는 것이니까요. 작센 선제후도 그런 콜하스의 주장을 받아들인 것이고요. 법이 모든 사람에게 평등하게 적용되어야 하고 적용되고 있다고 굳게 믿었고 믿고 싶었던 것이지요. 자신은 추방당한 자가 아니라는 확인이 필요했던 것이라고나 할까요.

미하엘 콜하스가 자신의 정의를 실현하는 방식을 보통 사람들이 따라 하기는 매우 어려운 일입니다. 이 때문에 미하엘 콜하스는 "엄격한 시민 윤리로 무장한 돈키호테"라고 평가되기도 했습니다. 그러나 콜하스가 자신이 살고 있는 땅에서 평등하게 법의 적용을 받는다는 확인을 받고 싶어 한 그 심정만큼은 충분히 이해가 가지 않나요?

| 더 알아볼 이야기 |

우리나라의 상소제도

····································

흔히 알고 있는 것처럼 상소제도의 원칙이 꼭 3심제는 아니다. 우리나라 헌법도 꼭 3심제를 정하고 있지는 않다. 3심제를 원칙으로 하되 경우에 따라 2심이나 1심으로 끝나는 소송도 있다. 예를 들어 특허소송이나 선거소송 중 일부는 2심제를 채택하고 있고, 대통령·국회의원·시도지사의 선거소송은 1심으로 끝나게 되어 있다. 특허소송은 법원이 특허를 인정할지 여부를 신속하게 정해 주어야 새로운 기술의 보호가 때를 놓치지 않고 이루어질 수 있기 때문에 2심으로 재판을 마무리하는 것이다. 특허재판을 하느라고 우왕좌왕하다가 더 발달된 신기술이 발명되어 버리면 재판제도가 오히려 신기술 보호에 방해가 될 수도 있기 때문이다. 선거소송 또한 신속한 결정을 위해 1심이나 2심으로 재판을 마치도록 하고 있다. 원칙적으로 심급제도를 두되 사건의 종류에 따라 그 운영을 달리하고 있다는 얘기다.

3심제의 경우에도 1심, 2심을 모두 지방법원에서 하는 경우도 있고, 1심은 지방법원, 2심은 고등법원에서 하는 경우도 있다. 그중에서도 2심법원에 상소하는 것은 항소(항고도 있지만 항고는 판결이 아니라 결정, 명령에 불복하는 것을 말한다)라고 하고, 대법원에 상소하는 것을 상고(결정, 명령에 불복하는 것은 재항고라고 부른다)라고 부른다. 대법원은 원칙적으로 하급심 사실 판단을 전제하고서 법률 적용이 잘못되었는지를 심사하는 곳이어서 그 이름을 특별히 상고라고 부르는 것이다.

우리나라에는 세 판을 겨루어서 끝낸다는 삼세판이라는 말이 있다. 재판도 한 번 한 이상 대법원까지 가 보려는 사람들이 많이 있다. 현대 재판은 점점 더 이기고 지는 것을 판단해 주기보다는 사람들과의 이해관계를 조정해 주는 것을 지향하고 있다. 그런데도 우리나라에서는 여전히 삼세판 재판을 원하는 사람들이 많다. 어떻게 하면 삼세판까지

다투지 않고 1심재판에서부터 당사자들이 승복하는 재판을 할 것인지는 판사들의 중요한 고민거리 중 하나다. 재판하는 법원의 인력 낭비도 낭비지만 재판받는 당사자들의 고충이 이만저만이 아니기 때문이다.

2. 대법원 최종 판결의 의미와 법률가의 역할

대법원의 최종 판결 과정이 갖는 의미

어찌 되었든, 상소제도를 통한 재판의 끝은 대법원입니다. 그게 어떤 사안이든 또 아무리 더 재판을 하고 싶은 마음이 있든 제도상 삼세판 이상을 할 수는 없는 노릇이니, 상소제도의 끝인 대법원의 판결이 갖는 의미는 매우 큽니다.

대법원의 재판은 원칙적으로 전원이 합의하여 하되, 판례의 변경이라든지 명령 또는 규칙의 헌법위반이나 법률위반 등의 사건 외에는 소 부에서 할 수 있도록 하고 있습니다.* 이에 따라 대법원은 대법관 4인으로 구성된 3개의 소 부를 두고 소 부에서 전원일치를 이끌어 낼 수 있는 사건은 특별한 사정이 없는 한 소 부에서 합의를 거쳐 재판을 합니다.

일반적인 사건보다 중요한 사건은 대법원장과 대법관 전원으로 구성된 전원합의체에 회부합니다. 소 부의 판결은 구성 대법관들의 전원이 일치해야만 선고될 수 있지만 전원합의체에서는 다수결의 원

---

* 법원조직법 제7조 제1항 "대법원의 심판권은 대법관 전원의 3분의 2 이상의 합의체에서 행사하며, 대법원장이 재판장이 된다. 다만, 대법관 3명 이상으로 구성된 부(部)에서 먼저 사건을 심리(審理)하여 의견이 일치한 경우에 한정하여 다음 각 호의 경우를 제외하고 그 부에서 재판할 수 있다.
  1. 명령 또는 규칙이 헌법에 위반된다고 인정하는 경우
  2. 명령 또는 규칙이 법률에 위반된다고 인정하는 경우
  3. 종전에 대법원에서 판시(判示)한 헌법·법률·명령 또는 규칙의 해석 적용에 관한 의견을 변경할 필요가 있다고 인정하는 경우
  4. 부에서 재판하는 것이 적당하지 아니하다고 인정하는 경우

칙에 따라 결론을 내리는데요, 다수를 형성하지 못한 소수의견을 내었거나 별개의견(다수의견과 결론은 같으나 결론에 이르는 논리는 전혀 다른 경우에 해당하는 의견)을 낸 대법관의 이름과 그 내용을 공개하도록 합니다. 판사들이 순전히 자신의 주관적인 입장이 아닌, 공동체에 내재한 원칙들을 찾아가는 과정을 밝히는 것이지요. 대통령이나 국회의원들과는 달리 판사들은 선거제도에 의해 선출되지 않으므로 국민들의 동의를 얻을 수 있는 판결이 되기 위해서는 어떤 과정을 거쳐서 다수의견을 이끌어 내었는지 밝히는 것이 중요합니다. 그래서 토론의 과정을 다수의견, 소수의견, 별개의견, 보충의견 등에 고스란히 담는 것이지요.

이렇게 하면 어떤 논리로 다수의견의 결론이 내려지게 되었는지가 드러나게 되므로 사회 전체가 그 결론을 받아들이기 쉽게 되고 결론에 대해 신뢰하게 되는 것이지요. 반대로 소수의견의 논리도 유심히 바라볼 필요가 있는데요. 사회가 변화하는 데 따라 소수의견의 논리가 널리 받아들여지게 된다면 그에 따라 유사 사건의 결론을 변경하는 데 따르는 부담도 줄어들게 되겠죠. 미국의 한 대법원장은 "최종심의 반대의견은 형성되고 있는 법 정신에 대한, 그리고 지금 저질러진 잘못을 언젠가는 바로잡을 미래 지성에 대한 호소"[18]라고 설명하고 있습니다.

이처럼 다수의견, 소수의견, 별개의견 등 다양한 의견들을 담고 있는 전원합의체 판결들은 지금 이 시점에서 통용되는 법이 무엇인지를 논쟁적으로 제시합니다. 우리 헌법의 정신은 다수결주의를 채택

했지만, 다수결과는 다른 의견을 가진 사람들의 견해도 대변하게 하여 사회가 변화해 나가는 데 대해 더 유연하게 대응할 수 있도록 하기 위한 것입니다. 비록 지금은 다수의견이 되지 않았지만 사회의 변화와 같이 가는 의견이어서 머지않아 법률 해석의 변화가 예견되는 소수의견이 있는가 하면, 사회의 변화 속도에 대해 생각을 달리하여서 여전히 종래 법 해석이 유효하다고 했다가 소수의견으로 남아 버리는 수도 있습니다.

전원합의 판결의 논리 전개를 읽어 보면 우리 사회가 어떤 변화를 향해 나아가는 것이 옳은지를 알 수 있게 되는 것이지요. 법치주의는 입법부에서 우리 사회에 꼭 필요한 법을 만드는 데서 출발하지만 그 법이 적용되는 결과나 한계는 사법부의 판결에서 드러나게 되지요.

시대에 따라 변하는 법률가의 역할

옳고 그름을 선언하는 것이 주 역할이던 시대의 법률가가 지배자를 거스르는 법 해석을 하기 위해서는 죽음도 불사하는 용기가 필요했습니다. 《유토피아》라는 저술로 유명한 토마스 모어(Thomas More, 1477~1535)는 평민 출신으로는 처음으로 영국 대법원장에 오르기도 했습니다. 헨리 8세가 앤 불린과의 사이에서 태어난 자식에게 왕위계승권을 주기 위해 캐서린 왕비와의 결혼은 무효이고 자신이 영국 교회의 수장이라는 선언을 함과 동시에 그런 내용이 담긴 '왕위계승법'을 만들자, 토마스 모어는 이에 대해 지지하는 맹세를 하기를 거절했습니다. 결국 그는 반역죄로 체포되어 유죄 판결을 받고 런던탑에서 처형당했습니다. 그는 사형 집행인에게 "내 목은 짧으니 신경을 좀 써 주시게"라고 하면서 참수대에 누웠다고 합니다.[19]

그러나 지배자를 따를 것인가 거스를 것인가가 문제였던 토마스 모어 시대와 달리 현대의 판사들은 옳고 그름의 문제만이 아니라 이해관계의 조정자로서의 역할도 다해야 하므로 판단의 기준을 어디에 두어야 하는지를 찾기가 더 어렵게 되었습니다. 옳고 그름을 판단하는 기준만으로는 이해관계가 부딪치는 사건에서 가장 적정한 선을 긋는 기준을 찾아내기가 어렵기 때문이지요. 그래서 대법원은 매우 중요한 역할을 하게 되는데요, 국회가 입법한 법률에는 일일이 담을 수 없는 판단의 기준을 제공하거나, 시대의 변화에 입법이 미처 좇아오지 못할 때 구체적인 사건에서 그 변화를 어떻게 수용할 것인지를 선언하기 때문입니다.

다름을 인정하기, 함께 살아가기

앞에서 소개한 몇몇 전원합의체 판결들은 우리가 일상생활에서나 언론 등에서 많이 접하는 주제들이면서 특히 논쟁이 심했던 것들입니다. 학교에서 종교교육이 학생들 종교의 자유를 침해했는지를 다룬 사건은 종교의 자유라는 기본적 인권의 문제가 국가 대 개인 간의 문제만은 아니며 국가가 아닌 개인(학교법인)과 개인(학생)의 문제일 수도 있다는 것, 나아가 개인과 개인의 기본권이 충돌할 때에는 어떤 논리로 그 선을 긋는지를 보여 주는 사건입니다. 어떤 경우에 연명치료 장치를 제거할 것인지를 정했던 사건은 의학의 발달로 죽음의 순간이 언제인지가 모호해지면서 국가가 그 순간을 판단해 주는 현대 사회를 보여 주고 있습니다. 죽음을 국가가 관리하는 것이지요. 이는 인간의 존엄성을 존중하는 죽음은 어떤 것인지를 깊이 생각해 보게 하는 사건입니다. 제사를 주재하는 사람을 어떻게 정할 것인가의 문제는 우리 사회를 뿌리 깊이 지배해 왔고 여전히 지배하고 있는 유교적 관습이 조금씩 흔들리는 모습을 그대로 보여 주고 있습니다.

대법관들이 비교적 정리된 형태로 제시하고 있는 이유 속에서 우리 사회에 존재하는 엄청난 이견들을 찾아볼 수 있습니다. 그리고 어떤 토론의 과정을 통해 그중 하나의 견해가 판결의 다수의견으로 정해지게 되었는지를 보게 됩니다. 이런 판결들에서 대법관들이 어떤 결론이 옳다고 했다는 결과를 알고 넘어가는 것도 중요하겠지요. 그러나 더 중요한 것은 사회에는 많은 생각들이 있고, 그 다른 생각들이 근거로 하는 논리는 무엇이며, 어떤 이유로 그중 한 견해가 다수의견으로 채택되었는지를 알아 가는 과정입니다. 그 속에서 우리 사회에 존재하는 '다름'에 대한 인정을 하게 되고, '생각이 다른 사람들과 함께 살아가는 방법'을 공부할 수 있게 된다면 자유민주주의, 문화국가의 원리, 평화국가의 원리 등 우리 헌법이 지향하는 원리에 들어맞는 사회에 조금 더 다가갈 수 있지 않을까요?

4장

표현의 자유

– 민주주의를 유지하는 근본적인 도구

1. 표현의 자유는 어디까지 보상되고
언제 제한될까

모든 표현의 자유가 보호되어야 하는 것은 아니다

'다스려지는 자와 다스리는 자의 동일성'이 요구되는 제도인 민주주의하에서 가장 중요한 것은 다스려지는 자, 즉 국민의 의사가 자유롭게 표현되고 통치자에게 전달되는 것입니다. 그렇지 않다면 민주주의나 국민주권이라는 제도가 무의미해지고 말 것이기 때문이지요. 그래서 많은 자유권 중 표현의 자유는 정치적 자유권으로 분류되기도 합니다. 그렇다면 표현의 자유는 어디까지 보장되고 어떤 경우에 제한되는 걸까요. 다음의 사건을 사례로 들어서 살펴보기로 하지요.

남성 A는 여성 B와 1년 정도 교제하다가 헤어졌다. 그 과정에서 B의 어머니 C는 A가 임신한 상태인 B를 학대하고 버리려 한다는 이유로 A의 뺨을 때리고 이 사실을 A의 회사와 대학에 알리겠다고 협박했다. 또 C가 폭행했다고 A가 신고하여 C가 경찰 조사를 받던 중 쓰러져 병원에서 치료를 받기도 했다. B는 A와 C, 그리고 A가 다니던 회사에 여러 통의 편지 형식의 유서를 남기고 자살했다. A는 B의 장례식장에서 C 등의 요구로 "다니는 학교와 회사를 그만두겠다"는 취지의 각서를 작성했다.

C는 사망한 딸 B의 미니홈피에 '지난 1년간의 일들'이라는 제목으로 A와 B 사이에서 있었던 일에 대해 쓴 글을 올렸다. 또 A가 다니던 대학교 인터넷 게시판에 'B의 미니홈피를 방문해 줄 것'과 'B의 사연을 널리 퍼 뜨려 줄 것'을 호소했다. 이후 일주일간 B의 미니홈피에 방문한 사람은 11만 명이 넘었고, 게시판에는 B의 명복을 빌고 A를 비방하는 글들이 폭발적으로 게시되었는데, 그중에는 A의 실명과 학교와 회사의 이름, 전화번호 등 신상정보를 밝힌 글들도 있었다. 네티즌들은 또 자신의 미니홈피에 해당 내용을 올리기도 했다.

네이버나 다음 등 포털사이트는 뉴스 서비스에 '현대판 베르테르, B양의 죽음에 슬퍼하는 네티즌', '현대판 베르테르, B양 죽음과 네티즌 추모 열기' 등으로 작성된 언론사의 기사들을 올렸고, 위 기사에는 A를 욕하는 수많은 댓글이 달렸다.

A는 네이버 뉴스서비스를 제공하는 엔에이치엔과 다음 뉴스서비스를 제공하는 다음커뮤니케이션 등을 상대로 손해배상을 청구했습

니다. A의 명예를 훼손하는 기사들을 게재했고, 위 게시물들을 방치하거나, 검색서비스로 위 게시물을 쉽게 검색할 수 있도록 함으로써 게시자들의 명예훼손행위를 방조했다는 이유였습니다. 포털사이트 책임을 인정하는 것이 네티즌들의 표현의 자유를 침해하게 되는지가 문제의 핵심이었습니다.

대법원은 게시물의 불법성이 명백하고, 그 게시물이 게시된 사정을 구체적으로 인식하고 있었거나 게시물의 존재를 인식할 수 있었음이 명백하고, 또한 기술적·경제적으로 게시물에 대한 관리·통제가 가능한데도 게시물을 삭제하고 향후 같은 인터넷 게시 공간에 유사한 내용의 게시물이 게시되지 않도록 차단하지 않은 사업자는 부작위(마땅히 해야 할 일을 일부러 하지 않는 것)에 의한 불법행위를 했다고 판단해서 포털사이트의 명예훼손 책임을 인정했습니다. 불법성이 명백한 표현은 표현의 자유라는 이름으로 보호될 수 없고, 이를 방치해 둔 포털사이트도 손해배상 책임을 진다는 것입니다.

공공의 이익과 관련한 표현의 자유는 넓게 보호된다

그러나 개인의 명예가 아닌 공공의 이익과 관련한 표현의 자유는 폭넓게 인정할 필요가 있습니다. 이와 관련하여 가장 유명한 것은 '명백, 현존하는 위험의 원칙'이라는 기준입니다. 미국에서 1919년 나온 셍크(Schenck) 판결에서 올리버 웬델 홈즈 대법관이 처음으로 내세운 원칙이지요. 셍크는 1차 세계대전 중이던 당시에 미국 사회당의 간부였는데요, 평소 1차 세계대전이 독점자본주의 국가들 간의 싸움이므로 참전을 거부해야 한다는 소신을 가지고 있었습니다. 미국이 유럽에 군대를 파견하기 위해 징병법을 제정하자 그는 우편으로 징집 대상자 2명에게 징병법이 위헌이라는 전단을 보냈고, 이에 따라 방첩법 위반으로 기소되었습니다. 당시 미국의 방첩법은 고의로 미 육해군에서 불복종, 불충성, 의무 이행 거부를 선동하거나 선동하려 하는 행위와 고의로 징병을 방해하는 행위를 처벌하도록 규정하고 있었습니다.

홈즈 대법관은 실질적 해악을 초래할 '명백하고 현존하는 위험'을 발생시키는 표현에 대해서만 연방 의회가 방지할 권한을 가진다는 원칙을 제시하였습니다. 즉 실질적 해악을 초래할 명백하고 현존하는 위험을 발생시키는 표현은 법률에 따라 규제의 대상이 된다는 것이지요. "자유로운 의사 표현의 가장 엄중한 보호막은 극장에서 거짓으로 '불이야'라고 소리쳐 공황 상태를 야기하는 사람을 보호하지 않을 것이다"라는 유명한 사례를 들었습니다. 그리고 셴크가 보낸 전단지는 평화 시에는 별문제가 없을지 모르나 전시에는 명백하고 현존하는 위험을 발생시키는 표현 행위라고 보아서 유죄로 판단하였지요.[20]

즉 전쟁 등 위기 상황에서는 사회 전체 토론에 의한 비판 과정을 거칠 시간이 없고, 위험한 표현이 즉각적인 사회적 해악을 가져올 수 있으므로 예외적으로 표현을 규제할 수 있다고 했던 것입니다.[21]

이 원칙은 출발 당시와는 달리 현재는 표현의 자유를 제한하는 법률이 헌법에 합치되는가를 심사하는 기준으로 사용되고 있습니다. 즉각적인 사회적 해악을 가져오지 않는 표현에 대해서는 규제를 해서는 안 된다는, 표현의 자유를 '보장'하는 기준으로 이해되고 있는 것이지요. 즉, 표현의 자유를 제한하는 법률은 '실질적 해악을 초래할 명백하고 현존하는 위험'이 있는 표현을 규제하는 데서 그쳐야 하고 그 이상의 규제는 표현의 자유를 침해하는 것이 된다는 것입니다.

▎공적인 인물에 대한 표현은 더 넓게 보호된다

또 다른 기준으로 들 수 있는 것은 표현으로 인한 피해자가 공적인 존재인지 사적인 존재인지, 그 표현이 공적인 관심 사안에 관한 것인지 순수한 사적인 영역에 속하는 사안에 관한 것인지, 그 표현이 객관적으로 국민이 알아야 할 공공성, 사회성을 갖춘 사안에 관한 것으로 여론 형성이나 공개 토론에 기여하는 깃인지 아닌지 등을 따져 보아 공적 존재에 대한 공적 관심 사안과 사적인 영역에 속하는 사안 간에는 심사기준에 차이를 두어야 한다는 것입니다.

표현이 사적인 영역에 속하는 사안에 관한 경우에는 언론의 자유보다 명예의 보호라는 인격권이 우선할 수 있으나, 공공적·사회적인 의미를 가진 사안에 관한 것인 경우에는 그 평가를 달리해야 하고 언론의 자유에 대한 제한이 완화되어야 한다는 것이지요. 앞서 본 사건에서 남성 A는 전혀 공적인 인물이 아니었고 문제 된 내용도 사적인 것이었으므로 그의 명예를 훼손한 글들은 표현의 자유에 따라 보호되지 못했지만, 혹시 그가 공적인 인물로서 사실관계가 진실한 것이거나 진실이라고 믿을 만한 상당한 이유가 있었다면 결론은 달라졌겠지요?

2. 사상의 자유 시장

표현의 자유를 인정하는 것은 민주주의를 유지하는 최선

이처럼 표현의 자유가 중요한 이유는, 표현의 자유를 인정하는 것이 사상의 자유 시장을 보호하여 민주주의를 유지시키기 때문입니다. J. S. 밀은 《자유론》에서 '억압된 의견 안에 사회가 필요로 하는 모든, 또는 부분적인 진실이 담겨 있을 수 있다', '거짓된 신념조차 값지다. 이는 그에 관한 토론 과정에서 반대 관점이 과연 진실한 것인지 시험하고 확인해 주기 때문'이라고 하였습니다.[22] 여기서 '악마의 변호사'라는 말이 떠오르네요. 악마의 변호사란 악마를 변호하는 사람을 의미하는 말이 아닙니다. 어떤 주장이 맞는지를 시험하기 위해서 그와 반대되는 주장을 세운 다음 그 입장에서 시험대상이 되는 주장을 꼬치꼬치 따져 보는 방식을 말합니다. 로마 가톨릭에서 성인(聖人)을 선포할 때 그 성인이 행했다는 기적이 사기가 아닌지 의심하고 조사하는 역할을 했던 사람을 부르던 말이었지요. 악마의 변호사가 하는 시험을 통과한 사상은 진실한 사상으로 인정될 수 있겠지요. 그러므로 표현의 자유를 폭넓게 인정하여 반대의견도 제시되도록 하는 것이 문제 된 관점의 진실을 밝혀 주므로 궁극적으로는 민주주의의 발전에 도움이 된다는 것이지요. 명백, 현존하는 위험의 원칙을 처음으로 주장한 홈즈 대법관도 '사상의 자유로운 거래야말로 궁극의 선(善)이라는 염원에 보다 잘 도달할 수 있는 길'이며, '진실을 시험하는 최선의 기준은 시장 경쟁 속에서 스스로를 수용시키는 생각의 힘'이라고 하였지요.[23] 각자 자신의 생각을 자유롭게 드러내도록 하여 자유로운 경쟁 속에서 토론하여 반대편을 설득할 수 있다면 그 생각은 진실한 생각으로 볼 수 있다는 취지이지요. 결국 자유롭게 자신의 생각을 드러내게 하는 것이 중요하며, 그러자면 표현의 자유에 대한 규제는 되도록 최소한으로 해야 한다는 것입니다.

앞에서 '생각이 다른 사람들과 함께 살아가는 방법'을 지향해 나가는 것이 우리 헌법정신에 조금 더 다가가는 방법이라고 하였지요? 사상의 자유 시장을 지키는 것이 그중 가장 중요한 방법입니다. 그러자면 표현의 자유는 좀 더 넓게 인정되어야 합니다. 다만 공적 인물이 아닌 개인의 사생활이나 명예는 더 강력하게 보호해야 할 것입니다.

무심코 트위터나 페이스북에 글을 올리고 다른 사람들의 글에 댓글을 다는 경우가 많습니다. 그러나 표현의 자유와 그 한계에 대한 정확한 인식이 없을 경우 자칫하면 명예훼손이나 모욕의 문제가 생길 수도 있고 사생활 침해의 문제가 생길 수도 있습니다. 이처럼 헌법 문제는 늘 우리 일상 가까이에 있습니다.

소수자 집단의 목소리를 보호하기

다수결의 원리로 작동하는 민주주의에서 소수자 집단의 목소리를 굳이 보호할 필요가 있는가 하는 질문을 평소에 많이 받습니다. 카스 R. 선스타인 교수는 이 점을 이렇게 설명합니다. "낮은 계층의 집단에 속한 사람들은 다양한 생각과 배경을 가진 사람들로 이루어진 좀 더 큰 집단에서는 침묵을 지킨 경우가 많으며, 이와 같은 집단 내에서의 논의는 높은 계층에 속한 사람들에 의해 지배되는 경향이 있다. 이런 상황에서 소수자 집단의 일원이나 정치적 약자에 해당하는 집단의 구성원들은 특정 사안에 대해 자기들끼리 논의할 수 있는 공간을 마련할 필요가 있다." 그리고 이런 소수자 집단이 침묵을 지키게 되면 결과적으로 "사회가 필요로 하는 정보를 사회로부터 빼앗는 것"이라고 합니다.

다수자 집단이 미처 깨닫지 못해서 사회에 존재하거나 다가올 문제들을 방치해 버린다면 그것은 결국 사회 전체 손실이 될 수도 있습니다. 소수자 집단 내부에서의 논의는 "일반적인 논의에서는 드러나지 않거나 제 목소리를 내지 못하는 견해를 발전시킬 수 있게" 합니다. 민권운동, 환경보호운동, 장애인권익운동 등 많은 사회운동들이 모두 소수자 집단의 논의를 통해 힘을 얻을 수 있었다고 합니다. 다양한 사실과 논점이 드러날 수 있도록 하여 사회는 이전에 알던 것보다 훨씬 많은 사실을 알 수 있게 된다는 거지요.[24]

다만 소수자 집단의 극단주의와 편향성을 피하려면 그 내부 논의를 다른 집단들과 나눌 수 있도록 하는 것이 중요한데요, 다양한 의견을 가진 사람들이 참여하는 논의에 그 집단의 대표가 함께 참여하도록 보장할 필요가 있다고 합니다. 먼저 소수자 집단이 자기들끼리 논의할 수 있도록 해 주고, 다음으로 그들의 대표가 다른 집단들의 논의에 함께 참여하도록 보장하는 것이지요. '다양한 집단들을 그들이 찬성하지 않는 논점에 노출'시키기 위한 제도가 필요하며 단순한 다수결로 이루어지는 참여민주주의가 아닌, 심의민주주의가 타당하다는 것입니다.[25] 심의민주주의란 단순하게 찬성, 반대만을 묻는 것이 아니라, 찬성하거나 반대하는 입장에 대한 충분한 학습과 토론을 거쳐서 결정을 하게 하는 방식을 말합니다.

결국 소수자 집단의 목소리를 보호하는 것은 민주주의의 발전을 위해 꼭 필요하다는 것을 알 수 있습니다. 민주주의의 발전은 사람들이 자유로이 자신의 의견을 펼쳐 나가는 데서 이루어진다는 점은 아무리 강조해도 부족합니다.

| 에필로그 | **나는 어떤 주인이 되고 싶은가**

정말 먼 길을 달려왔습니다. 시간적으로는 함무라비법전부터 대헌장을 거쳐 근대와 현대에 이르렀고, 공간적으로는 유라시아 대륙과 아메리카대륙을 두루 돌고 우리나라에 당도하였습니다. 법은 어렵지 않다, 법을 한 손에 쥘 수 있도록 하겠다, 이런 자신 있는 말을 할 수 있을 것이라고 생각하지는 않았습니다. 그러나 여정의 끝인데도 법이 무엇인지는 여전히 오리무중이라는 생각밖에 들지 않는군요.

에필로그에서도 재미있는 얘기를 하나 하고 넘어가겠습니다. 삼권분립 이론을 주장한 몽테스키외의 책에 나오는 이야기인데요. 몽테스키외는 보르도 고등법원장을 수행하던 중이던 1721년 《페르시아인의 편지》[1]라는 책을 펴냅니다(《법의 정신》은 그로부터 27년 후인 1748년에 출판되었다). 프랑스를 방문한 페르시아 사람들의 편지를 우연히 읽고 필사하는 형식의 글인데요, 그 속에 당시 프랑스 사회에 대한 신랄한 비판이 담겨 있습니다. 당시의 법이나 법률가에 대한 비판도 많이 나오는데요, 그 편지 중 하나에 가상의 민족인 '트로글로다이트'에 관한 내용이 있습니다.

나날이 인구가 늘어난 트로글로다이트인들이 국왕을 선출하기로 합니다. 그들은 가장 정의로운 사람에게 왕관을 씌우기로 합의를 보고는 가장 존경할 만한 노인에게 국왕으로 선출되었다는 소식을 알렸습니다. 소식을 듣고 노인은 눈물을 흘리면서 말합니다. "내가 태어날 때만 해도 자유로웠던 트로글로다이트인들이 이제는 예속되었구려. 우두머리가 없는 지금엔 당신들은 어쩔 수 없어서라도 도덕적이어야 하오. 이 멍에가 당신들에게 너무도 무겁게 느껴지나 보구려. 차라리 한 군주에게 종속되어 당신들의 풍습보다는 덜 엄격한 군주의 법에 복종하길 원하고들 있구려. 내가 없어도 본성 하나에 이끌려 도덕을 지킬 사람들이 내가 명령을 내렸다는 이유 하나만으로 도덕적 행위를 하길 바라는 것이오? 내가 당신들에게 덕행이란 멍에 외에 또 다른 멍에를 얹어 주어야 한단 말이오?"

도덕과 법의 관계를 재미있게 보여 주는 이 우화는 법은 도덕을 스스로 실천해 나가는 사회에서는 자칫하면 걸림돌이 될 수도 있다는 것으로 읽힙니다. 법에서 명문으로 규정해 버리면 그것만이 기준으로 굳어져서 도덕적으로는 금지되는 영역인데도 법에서는 허용된 것처럼 착각을 일으켜 사회를 비도덕적으로 몰고 갈 수도 있다는 거지요.*

---

* 《논어》에도 비슷한 말이 있다. "齊之以刑, 民免而無恥, 道之以德, 齊之以禮, 有恥且格 공자께

231

트로글로다이트인들의 이야기를 법치주의를 실현시키기 위해 역사적으로 형성되어 온 제도적 장치들도 그 장치들의 경직성으로 말미암아 제도의 원래 취지를 잃어버릴 위험이 항상 도사리고 있다는 경고로 해석할 수는 없을까요? 법치주의라는 것 자체도 바로 그런 위험이 있는 제도적 장치 중의 하나인데요, 통치자들이 자신을 예외로 한 상태로 법치주의를 밀어붙일 경우 '법의 지배'가 아니라 '법에 의한 지배'가 된다는 것은 절대주의 왕권이나 전제정치를 겪으면서 이미 역사적으로 증명이 되었지요?

이를 막기 위해 도입된 제도적 장치인 '권력분립'도 마찬가지입니다. 예를 들어 다수결에 의해, 즉 선거에 의해 선출된 의회와 행정부가 제대로 작동하도록 견제하기 위해 만든 사법부가 충분히 독립적이지 않거나, 독립적일지는 몰라도 중립적이지는 않다면 '법의 지배'가 아니라 '법에 의한 지배'로 전락할 것입니다. 또, 형식적 법치주의의 완성만으로는 법치주의가 충분하지 못하지만 실질적 법치주의를 어디까지 추구하느냐에 따라 형식적 법치주의 자체도 훼손될 우려가 있지요. 실질적 법치주의를 완성하기 위해 자유권을 지나치게 제한한다면 '법의 지배'의 중요한 이념인 개인의 기본권 보호가 소홀하다고 다툴 수 있는 시민의 권리 자체도 핍박받게 되기 때문입니다.

이런 이중적인 관계들 때문에 무엇이 정의이고, 무엇이 정당한 법

서 말씀하시었다. 정령(政令)으로써 이끌고 형벌로써 가지런히 하면, 백성들이 면하기만 할 뿐이요 부끄러움이 없다. 그러나 덕으로써 이끌고 예로써 가지런히 하면 사람들이 부끄러움이 있을 뿐 아니라 떳떳해진다"《논어》〈위정(爲政)〉편 3장)라는 구절이다.

치주의인지를 일목요연하게 답하기가 어려워지는 것입니다. 이럴 때는 역사적인 교훈을 되새길 필요가 있습니다. 법은 지배자와 피지배자가 일치되는 민주주의의 발전, 민주주의를 좀 더 잘 방어하는 데 필요한 기본권의 헌법상 보호 등과 함께 발전하여 왔다는 역사를 잊지 않아야 한다는 것입니다. 그 과정을 짚어 보느라 그리스 시대, 서구 계몽주의 시대를 거쳐 현대 민주주의 시대까지 왔는데요, 어떤 이론도 그 시대와 분리해서 생각해서는 안 된다는 것을 느끼지 않았나요? 아리스토텔레스가 그랬고, 로크가 그랬고, 몽테스키외노, 미국의 연방헌법을 만든 사람들도 그 시대에 꼭 필요한 만큼만 이론을 펼치고 제도를 만들어 놓았지요? 다만 그 이론과 장치들 중 긴 역사의 발전 방향과 일치하는 것은 조금씩 변형되어 가면서니미 현재까지도 살아남아 여전히 그 역할을 하고 있고, 그렇지 않은 것은 역사 속으로 사라져 버렸습니다.

현재 우리가 가지고 있는 제도적 장치들과 그 장치들의 운용도 이런 역사의 발전 방향과 일치하지 않으면, 어느 순간 경직된 제도로서 형식적으로만 남아 있거나 걸림돌이 될 수도 있습니다. 그러므로 그 장치들은 시민들의 참여와 토론의 장에서 늘 점검되어야 합니다. 그것이 열린 민주주의라 할 수 있습니다. 선거제도나 공무원 제도의 개선이라든지 경제민주화 등등 국회에서는 우리 사회를 이끌어 가는 장치들이 유효한지, 아닌지를 늘 논의하고 있지요. 그러나 이런 문제들은 국회의원들만의 문제가 아닌 것이지요.

우리는 법은 이러이러해야 한다, 정의는 불변의 관념이다 등의 생각들이 더는 유효하지 않은 시대에 살고 있습니다. 한때는 신이 정한 법이, 또 한때는 절대왕권이 정한 법이, 또 다른 한때는 자연법이 사람들이 사는 사회와는 별개의 이상적인 규율체계라고 생각되었습니다. 그러나 오늘날의 법은 더는 사람들이 닿지 않는 곳에서 온 어떤 것이 아닙니다. 오늘날 사람들은 법이 자신들의 생각을 제대로 반영해 주지 못한다면 결코 그 법을 지키려 하지 않습니다. 마지못해 지킨다 하더라도 그것은 법에 대한 신뢰만 떨어뜨리게 될 것입니다. 법이 상식이어야 한다는 말은 바로 이것을 가리킵니다. 법이 상식을 잘 반영해야 한다는 것이지요. "사랑이 바뀌나요?"라는 어느 영화 속의 대사처럼 "법도 바뀌나요?"라고 묻는다면 "예, 바뀝니다"라고 대답할 수밖에 없습니다.

그 법을 어떻게 찾느냐고요? 바로 주권자인 국민들이 정확하고 풍부한 자료를 참고하여 열정적인 토론을 한 끝에 찾아내 가는 수밖에 없습니다. 법은 입법기관이나 사법기관의 전유물이 아닌 거지요. 프롤로그에서도 언급했듯이 결국 법을 공부하고 이해하는 것은 국민이 주인인 민주주의를 심화시켜서 진정한 주인으로 살기 위한 것입니다.

여러분들은 어떤 주인으로 살기를 원하세요?

주

1부 ── 법의 기원과 역사

1) 내용은 미겔 데 세르반떼스 사아베드라《속 돈끼호떼》(김현창 옮김, 범우사, 2001)를 참고하였다.

2) 내용온 미셸 투르니에《방드르디, 태평양의 끝》(김화영 옮김, 민음사, 2003)을 참고하였다.

3) 대니얼 디포《로빈슨 크루소》(윤혜준 옮김, 을유문화사, 2008) 중 해설 "근대 시대의 첨병 디포"(457쪽).

4) 데이비드 존스턴《정의의 역사》(정명진 옮김, 부글북스, 2011), 31쪽.

5) 톰 빙험《법의 지배》(김기창 옮김, 이음, 2013), 28쪽.

6) 김정오《현대 사회사상과 법》(나남, 2007), 217쪽.

7) 박병호《한국의 법》(청목, 1999), 174쪽.

2부 ── 헌법정신과 법 질서

1) 내용은 윌리엄 골딩《파리대왕》(유종호 옮김, 민음사, 1999)을 참고하였다.

2) 내용은 조지 오웰《동물농장》(우진하 옮김, 심야책방, 2015)을 참고하였다.

3) 데이비드 존스턴, 앞의 책, 31~32쪽.

4) 플라톤의 정의에 대해서는 위의 책, 66~102쪽을 참고하였다.

5) 아리스토텔레스의 정의에 대해서는 위의 책, 104~143쪽을 참고하였다.

6) 위의 책, 53쪽.

7) 위의 책, 169쪽.

8) 위의 책, 207쪽.

9) 박은정《자연법의 문제들》(세창출판사, 2007), 1~2쪽.

10) 두산백과사전 법실증주의 항목 참조.

11) 이상돈《기초법학》(법문사, 2010), 13쪽.

12) 마이클 샌델《정의란 무엇인가》(이창신 옮김, 김영사, 2010), 58~72쪽.

13) 데이비드 존스턴, 앞의 책, 208~209쪽.

14) 내용은 찰스 디킨스《어려운 시절》(장남수 옮김, 창비, 2009)을 참고하였다.

15) 위의 책 중 옮긴이의 해설(484~485쪽) 참조.

16) 전차 문제는 토머스 캐스카트《누구를 구할 것인가?》(노승영 옮김, 문학동네, 2014) 를 참고하였다.

17) 이상돈, 앞의 책, 16~17쪽.

18) 칸트의 사상은 데이비드 존스턴, 앞의 책, 220~257쪽을 참고하였다.

19) 이상돈, 앞의 책, 20쪽.

20) 존 롤스에 대한 설명은 데이비드 존스턴, 앞의 책, 326~332쪽을 참고하였다.

21) 이상돈, 앞의 책, 21쪽.

22) 데이비드 존스턴, 앞의 책, 338쪽.

23) 마이클 샌델, 앞의 책, 361쪽.

24) 위의 책, 40~43쪽.

25) 위의 책, 341~360쪽.

26) 위의 책, 350~351쪽.

27) 최원 〈마이클 샌델의 정의론 비판〉(《무엇이 정의인가?》, 마티, 2011, 180쪽).

28) 안경환《법과 사회와 인권》(돌베개, 2009), 83~84쪽.

29) 리처드 스위프트《민주주의, 약자들의 희망이 될 수 있을까?》(서복경 옮김, 이후, 2007), 70쪽.

30) 위의 책, 65쪽.

31) 권력분립의 원리에 대해서는 권영성《헌법학원론》(법문사, 1997), 644~646쪽을 참고하였다.

32) 몽테스키외《법의 정신》(이명성 옮김, 홍신문화사, 1997), 162~168쪽.

33) 마이클 리프·미첼 콜드웰《세상을 바꾼 법정》(금태섭 옮김, 궁리, 2006), 103~170쪽.

34) 존 하트 일리《민주주의와 법원의 위헌심사》(전원열 옮김, 나남, 2006), 142쪽.

35) 이국운《헌법》(책세상, 2010), 111~112쪽.

36) 알비 삭스《블루 드레스》(김신 옮김, 일월서각, 2012), 227~231, 362쪽.

37) 위의 책, 227~228쪽.

38) 김문현 외 4인《법과 사회정의》(이화여자대학교출판부, 2004), 24쪽.

3부 —— **법치주의와 법 실현의 시스템**

1) 구스타브 라드브루흐, "법률적인 불법과 초법률적인 법"(위의 책, 239쪽에서 재인용).

2) 형식적 법치주의와 실질적 법치주의에 대해서는 브라이언 Z. 타마나하 《법치주의란 무엇인가》(이헌환 옮김, 박영사, 2014), 179~221쪽을 참고하였다.

3) 위의 책, 205쪽.

4) 위의 책, 212쪽.

5) 위의 책, 221쪽.

6) L. 레너드 케스터·사이먼 정 《세계를 발칵 뒤집은 판결 31》(현암사, 2014), 429~441쪽.

7) 김욱 《교양으로 읽는 법 이야기》(인물과사상사, 2007), 168~169쪽.

8) 강승식 《미국 헌법학 강의》(궁리, 2007), 106쪽.

9) 위의 책, 74~75쪽.

10) 커미트 L. 홀·피터 카스텐 《미국법의 역사와 문화》(손세정 옮김, 라티오, 2009), 130쪽.

11) 강승식, 앞의 책, 106~107쪽.

12) 존 하트 일리, 앞의 책, 348쪽.

13) 위의 책, 246~247쪽.

14) 강승식, 앞의 책, 106~107쪽.

15) 위의 책, 116~117쪽.

16) 몽테스키외, 앞의 책, 163쪽.

17) 내용은 하인리히 폰 클라이스트 《미하엘 콜하스》(황종민 옮김, 창비, 2013)를 참고하였다.

18) 김용담 《미국 연방대법원 판결로 읽는 우리 법원》(누름돌, 2010), 74쪽.

19) L. 레너드 케스터·사이먼 정, 앞의 책, 330쪽.

20) 앤서니 루이스 《우리가 싫어하는 생각을 위한 자유》(박지웅·이지은 옮김, 간장, 2010), 57쪽.

21) 김기영, "미국법상의 표현의 자유의 제한과 사법심사"(〈인권과 정의〉 276호, 1999, 대한변호사협회).

22) 앤서니 루이스, 앞의 책, 262~263쪽.

23) 위의 책, 263쪽.

24) 카스 R. 선스타인 《왜 사회에는 이견이 필요한가》(박지우·송호창 옮김, 후마니타스, 2009), 257~259쪽.

25) 위의 책, 262~266쪽.

● —— **에필로그**

1) 내용은 몽테스키외 《페르시아인의 편지》(이수지 옮김, 다른세상, 2002)를 참고하였다.

법치주의와 정의를 돌아보다
김영란의 열린 법 이야기

초판 1쇄 발행 2016년 6월 30일
초판 4쇄 발행 2021년 5월 20일

지은이 김영란
펴낸이 홍석 **이사** 홍성우
인문편집팀장 박월 **기획·책임편집** 김재실 **디자인** 김명희
마케팅 이가은 · 이송희 · 한유리 **관리** 최우리 · 김정선 · 정원경 · 홍보람

펴낸 곳 도서출판 풀빛 **등록** 1979년 3월 6일 제8-24호
주소 03762 서울특별시 서대문구 북아현로 11가길 12 3층
전화 02-363-5995(영업), 02-362-8900(편집) **팩스** 070-4275-0445
홈페이지 www.pulbit.co.kr **전자우편** inmun@pulbit.co.kr

© 김영란, 2016

ISBN 978-89-7474-788-6 03360
이 도서의 국립중앙도서관 출판예정도서목록(CIP)은 서지정보유통지원시스템 홈페이지(seoji.nl.go.kr)와
국가자료공동목록시스템(www.nl.go.kr/kolisnet)에서 이용하실 수 있습니다.
(CIP제어번호: CIP2016014355)